淘宝网店运营01

神店成长秘籍

《卖家》/编

人民东方出版传媒
東方出版社

前　言

淘宝江湖从来不缺少草根英雄。

在淘宝的 9 年生态中，草根卖家一度代表着生命力、斗志甚至奇迹。在大家相继奔赴的创业路上，他们的起点一样没有本钱，一样缺乏经验，一样可能是黑色塑胶袋穿梭在进货市场的疲惫身影。但靠着机遇、努力和不断地试错，总有一些卖家可以屹立潮头。

在过去的两年，竞争环境对于草根卖家并不宽容，但我们还是发现了很多智慧突围的店铺，他们有的靠品类细分，有的靠运营经验，有的靠抱团儿取暖……他们也许是刚开半年或者一年的新店，也许是困斗淘宝很久忽然觉醒的老店，但因为在过去两年找到了让店铺快速成长的方法，让同行侧目，让消费者忠诚，我们统称它们为“淘宝神店”。

通过 2011 年和 2012 年两年的采访跟进，本书精选了 35 家来自于男装、女装、箱包、化妆品、女鞋、食品等六大淘宝热门类目的最具飞跃气质的淘宝店铺，在数百万商家的竞争中，他们到底是如何做到力拔头筹的?

明日之星，今日之惑。同样的，在他们成长之路上，并非一帆风顺，大部分商家都有过前车之鉴。无论是学会给品牌做减法，还是垂直在自己的小众类目上深耕细作；无论是数年如一日坚持卖低价，还是终于练就了品牌的议价力……在这些鲜活的案例中，有店主内心的创业剖白，更有具体到案例环境的精准化干货分享。

在2012年9月举行的2012年度网商大会上，马云宣布了著名的双百万战略：一百万的网店，一百万元的成交量。这是一个重要而明确的信号：今后，淘宝会重点扶持卖家的腰部力量。而这些腰部卖家的成长史，可以先从这一本书读起。在淘宝这个大舞台上，每个人都有机会做主角，而成功的秘密都是相似的，你不想知道吗？

目录

第一章　小而美，细分小众垂直路

▲一家专卖牛仔的原创品牌，进入人们视线不过一年多，线上销量为什么可以超过 Levi's?

▲一家定位于做商务衬衫的店铺，不做刺激性营销，仅仅依靠直通车推广就在 4 个月时间内攀入类目前 10 名，难道仅仅是砸钱吗?

▲2011 年开始，网购中老年妈妈装开始走俏。不能不潮，又不能太潮，如何成为妈妈装的类目 TOP3?

▲即便是家庭作坊起家，在淘宝上卖小烤串也大有市场。小成本、精服务、人肉快递，原始烧烤就这样开始了 O2O 的尝试。

▲靠近货源地的蜂蜜商家，前期卖一份心意，后期如何抓住自身产业优势打造特产牌?

▲尽管淘内市场竞争日益激烈，但有需求的地方就有市场，卖躺椅的午憩宝是瞄准了市场的缺口，快速上位。

▲掌柜通常都希望店铺商品色彩斑斓，品类丰富，而紫魅的掌柜则不那么认为，尊重个人对颜色的偏爱，亦是满足市场需求的一种方式。

不卖牛仔卖性感

它进入人们视线不过一年多，它目前只卖牛仔，但该品类的线上销量可以超过 Levi's。

吴慧敏

亲，我说性感，你脑海中可能会浮现各种画面，但很难和牛仔扯上关联，是吧？

有个好玩儿的数据，我国消费者人均拥有的牛仔裤只有 4 条，刚超过全球消费者人均拥有 7 条的一半，市场潜力可见一斑。轻松、舒适、随性，是人们选择牛仔的一般性理由，但如果说是为了性感才要牛仔裤？你想得到吗？电商人总是激情澎湃地传播各种理念，要做品牌，要走细分，而一说到细分就首推裂帛、阿卡的光怪陆离，继而发现太需要天分而继续彷徨。但其实，爱肯牛仔证明，细分只不过是要找到对的 feel。

犯过错才敢“减”

有人说，所有小众都是从大众开始的，细分也是不断做减法才有的。2010 年 6 月，爱肯刚入驻淘宝商城时，只知道要做服装，并没有想清楚具体要做什么产品线。面对五花八门、风格各异的服饰，这个新兵首先选择了模仿。“当时比较成功的女装品牌欧莎、裂帛，他们的产品线都很丰富，我们也参考了一些线下品牌，基本得出一个结论：品类一定要很全，女生挑选东西，起码数量要够她挑才行。”爱肯运营总监向冀坦承当时整个团队对品类方向并没有高招。

到2010年年底，爱肯虽然保持了月均几十万元的销售额，但他们给市场和消费者的印象却很模糊，跟众多的服饰商城店相比，除了模特表现更有张力，到底有什么区别呢？更不用说“要进入女装第一军团”的团队愿景了。

业绩没有爆发性增长，向冀团队把产品、营销、运营、服务各环节都诊断了一遍，发现哪个环节都没有硬伤，那唯一的问题可能就在于缺少特色，缺少一个让消费者记住的精准定位。当时店铺里的牛仔类产品已经销售得不错，消费者也给予了这个品类的产品更多的好评。而在爱肯的供应链端，牛仔品类基础最扎实，那为什么不把爱肯的定位从女装全品类缩减至牛仔专业品牌呢？

国内的牛仔裤品牌，人们记得住的还是几个传统老牌子。而这些品牌在线上无论是款式还是陈列都无更多创新，而一直擅长性感风格拍摄、设计师力量扎实的爱肯似乎刚好可以切出更细分、更迎合消费者心理需求的性感风牛仔。

身材小，定位巧

果断砍掉多余品类，瘦身后的爱肯牛仔首次发力是在2011年5月，当时发布了一款赠送腰带的牛仔短裤，借助聚划算平台热卖数千条。活动价99元，打破了当时在聚划算平台上牛仔裤只有定价40～50元才能热卖的格局，截至目前，这款短裤的销量已经接近1.8万件。

爱肯牛仔裤在聚划算定价从来不低于99元，高出同类目产品均价的40%，但每次发布都可以在半天内热卖近万条；“双十一”大促，和诸如Levi's、Only之类的牛仔品牌放在一个展区，却在销量上力拔头筹打败强敌；在店铺的一次短信唤醒活动中，投入产出比高达1：60（行业平均水平在1：7或者1：8左右）。做完减法的爱肯，在2011年跑得很快。

目前爱肯的SKU（库存量单位，这里指单品）只有30个，但几乎有一半的单品销量在4000条以上。日均30000 UV的客流量，客户二次购买率在30%以上。是什么诱惑了消费者？

点击查看爱肯的宝贝详情页可以略知一二。进入店铺，会感受到一种扑面而来的性感，但并不轻佻，时尚、律动、Party相关的视觉感贯穿在平面设计和产品的拍摄中。向冀认为这种定位很讨巧，“对于牛仔裤而言，定位的年龄段其实是次要的，重要的是给消费者的感觉。”整个店铺营造的氛围再加上极具表现力的模特拍摄，对于女性消费者的吸引力不言而喻。这种定位，甚至获得了某知名4A品牌咨询公司的赞叹。

供应链还是王道

牛仔裤的需求量一年四季都很大，而除了款式几乎千年不变的几大线下品牌，在淘宝网并没有一家可以叫得出名字的牛仔裤专卖店，更不用说品牌了。牛仔裤最重要的是面料和款式，对于女性消费者而言，往往更看重后者，因为前者可以保障的商家实在不多。而爱肯的产品则基本兼顾了这两点。

爱肯合作的江浙沪供应商中，就有生产线上同时生产着 ZARA、Only、Levi's 的专业牛仔服饰厂家。相较于市面上最常用的 10 元 / 米左右的牛仔面料，爱肯使用的面料一般高于 20 元 / 米，货源渠道一般是跟工厂指定面料商或者自己从棉纱开始订货，纽扣等辅料也都选择和品牌商合作，为了产品绝不会跟厂商纠结 1 ~ 2 元的成本。

一年多合作下来，一些供应商甚至愿意放弃 Only、Levi's 等品牌企业的代加工业务，专心承接爱肯的订单。而作为消费者体验第一环节，爱肯产品的包装，包含了精致的腰卡、水洗标、牛皮纸袋，仅制作成本都高于 10 元，更不用说包装设计环节的人力成本了。

向冀还饶有兴致地提到一个买家，本来买了喇叭长裤，但由于穿上的效果跟自己预想的不太一样，就想自己动手修改，结果不小心改成了八分裤。这位买家拿着改过的裤子联系客服想要退换货，爱肯考量之后还是选择满足客户的要求，只因为“对牛仔挑剔的客户正是我们的目标客户”。

虽然定位出挑，品质感强，但爱肯之所以能快马加鞭地跑在细分类目前面，原因还在于牛仔产品的供应链要求更高，这在一定程度上降低了细分领域的红海程度。向冀介绍说，如果要下一个 1.5 万件的货品订单，要提前两个月。因为在制作中，可能要经过水洗、喷马骝、再度水洗、烘干等环节的后期加工。相比较一般服装 15 天下生产线、一个星期就能出货的进度，牛仔服装的供应链并没有那么快的反应，所以跟传统生产计划和运营节奏保持一致的爱肯走得颇为稳健。

要溢价，也要溢品类

主力产品定价区间为 228 ~ 268 元，辅助产品为 188 ~ 228 元，还有 288 ~ 588 元的形象款。在向冀看来“定价十分合理”的爱肯，其实在生存中还是要遭遇低价产品的冲击。网络从来不缺少山寨和模仿，类似风格、70 ~ 120 元定价的模仿者，让爱肯非常头疼。

虽然不想打价格战，但人在江湖身不由己，通常这个时候，他们会选择做一些温和的促销，但不可否认，爱肯家卖得非常火爆的产品大都是因为做过促销活动而崭露头角的。

先聚划算引爆产品，然后针对主力产品长期做一些限时折扣，维持产品的销售热度。从目前来看，爱肯的打法大概如是。日均 3 万 UV 的客流量，在牛仔裤这个细分类目位于前列。而且因为做单一品类，所以垂直搜索来的自然流量也很可观，可以占到30%左右。

“其实我们是一个传统企业，只是在线上做零售。”今年销量近3000万元的爱肯，明年给了自己一个温和的目标：5000万元。虽然产品定价已经遭遇一些反弹，但他们在明年依然会适当提价，当然，涨价的前提是面料、做工、设计、服务的全面提高。明年这家店最大的挑战来自于：扩充产品线带来的货品和人才供应难题。他们的SKU将从30个扩到200个，明年能否做到内稳外扩，是这家牛仔新贵的新挑战。

品牌需要做减法

作为一家成长一年多的服装类新店，爱肯令人印象深刻。从初创团队的完整度到页面视觉体验的把握度，再到对品牌感的贯穿度，都显得非常老成。这个初创团队一开始就是按照正规军的作战打法，团队的五位联合创始人背景各异，有人懂电子商务，有人懂供应链管理，有人提供资金，功能互补。法国籍设计师和摄影师的加入，前者使得产品细节标新立异，后者保证了页面呈现上的特立独行。

经过2010年品类上的试错，2011年从牛仔裤细分品类切入，找准了产品风格、掐准了用户心理需求，营销策略上也比较可圈可点。比如通过寻找“爱肯女郎”制作的视频在全网传播，品牌感和话题性兼备，所以在短时间内的成绩亮眼。

但爱肯并非完美典范，比如接下来的品类扩充计划，对于团队供应端和人员的配备都是较大考验，而且品类的丰富也要承担失去单一品类品牌直接印象的风险。事实上，该店铺也将在很长一段时间内，继续遭遇产品定价和市场主流价格冲突的问题，如果只有靠促销价格打开销售局面，那么品牌议价能力的提升还需要较长时间的市场消化。

从大众产品中通过一种风格找到细分切入口，是爱肯带给电商从业者的最大灵感。通过这家案例，可以思考这样的问题：当品牌定价遭遇低价竞争环境，如何守住溢价能力？大而全的品类一直没有突破，是否敢于对产品线做减法？法国摄影师操刀的大片也许只是起到了吸睛的作用，但30%的客户回头率则是要靠实力说话。

衬衫市场，狙击中产

不做刺激性营销，仅仅依靠直通车推广就在 4 个月时间内攀入类目前 10 名，怎么做到这一切？

赵军

过去一年，淘宝男装衬衫类目成交商品数量约 8 亿件，月均成交件数超万件的店铺就有约 40 家，可见其广阔的消费市场。面对这个比较成熟的市场，有一家店铺却仅仅依靠直通车推广杀入类目前十，这“一招鲜”背后，究竟有过怎样一盘棋？

因为市场里没有中产

目前淘宝上 TOP10 衬衫品牌呈现两头重中间轻的分布，要么是单价大都超过 200 元的品牌衬衫，如劲霸、七匹狼等，要么是一些单价在 100 元左右甚至更低的品牌，如优鲨。两个路线间价格和品牌定位差距很大，中间品牌并没有达到应有比例。占据市场主导地位的商务品牌都是综合性品牌，比如雅戈尔就有衬衫、西装、西裤、夹克、领带、T 恤六大品类。在对比传统服装品牌和淘宝上的廉价品牌后，海 e 家自信地认为："虽说衬衫市场很成熟，但品牌构建并不成熟。"面对这样的背景，海 e 家以"中产"为品牌做了一个定义，这个"中产"不仅是价格适中，也是对消费者的定位。

商务衬衫的消费人群为 25～35 岁的活力群体，自然对设计的耐心不会仅限于黑白灰。店铺 4 月份第一周两次上新共 25 款衬衫，背后就有 125 款设计被淘汰掉了。六分之一的量产可能性保证了产品竞争力，让员工投票选出喜爱款式的淘汰机制相当于对商品做了一次视觉营销检测。考虑到商务衬衫的消费者一般都有较高的学历且有消费能力，对质量有一定要求，所以低价质次的商品绝对不会让他们形成惯性消费。目前线下市场上品牌免烫衬衫均价超过 300 元，淘宝上销量最高的 3 款商务衬衫单价为 100 元、199 元、238 元，而海 e 家销量最高的 3 款衬衫价格为 109 元、129 元、169 元，有一定优势。店铺内 72% 的商品单价处于 90～150 元，这并非为价格战而生，而是企业品牌定位的需求。

找准定位再切入市场

虽说旗舰店是2011年11月份才上线的，但其实海e家有着多年服装制造企业背景，店铺在货源上有很大的优势。比起综合性商务大牌，专注于衬衫类目突破更加强劲。就着比廉价品牌在质量和货源上的优势，比大牌更重视衬衫市场以及价格优势的定位，店铺认定了自己的市场会很广阔，而起步期如何让消费者认识和接受这个不知名的“品牌”就是首要问题。

上线以来直通车一直是推广经费的最大头，利用直通车打造爆款，正是店铺推广中的关键一环。市场总监徐得红是一名有10多年电商经验的老兵，在他无数次的细节优化和测试的前提下，他们成功打造出数款月销上千的爆款，带动了店内各类商品的销售额，目前店铺月均销量过百的SKU超过了40款。2月和3月，店铺在直通车上投资了近70万元，目的就是要打造品牌印象并培育顾客基数，直通车成了一种精准硬广投放。4月份店铺的自然流量提高到了65%，转化率稳定在了4%以上，会员近两万人。迅猛的起跑说明了店铺得到了市场初步认可，因为有着相对价格和质量优势，店铺回头客比例一直处于上升态势，占比约6.5%的老客贡献了约15%的总销售额，体现了很高的购买力，说明了品牌正在植入老客的心里。为了维系并壮大忠实用户基数，店铺采取了和淘宝上很多店铺不一样的经营理念。

不打折的路要如何走

这家店铺的一大特色是从不打折。现在淘宝上的大多数商家都会以打折来吸引顾客，对于网店来说，没有打折基本就告别了很多流量喷泉，像聚划算这样的活动没有低于50%的折扣基本没有参团的可能。问及店铺为什么不打折时，徐得红回答说："因为不能。"

目前海e家衬衫SKU占据了全部SKU的65%以上，销售额占据了高达90%。这其中价格低于150元的衬衫又占据了70%以上，定位为基本款的这部分衬衫毛利仅在20%~30%左右。这样的情况下，如果打折过大就会让自己陷入亏本境地。如果打折过少，对店铺没意义而且反而有伤害，因为打折会让消费者认为商品质量很次。总的来说，虽然打折损失了店铺流量喷发的机会，但是顾客却因此认可和接受品牌价值，不打折给了一个可靠、实惠的剪影，也能避免顾客看到已购买过的商品打折造成的伤害。对于店铺来说，不打折演变为品牌价值的一部分，长期下来可以使顾客增加印象分，因此他们认为这条路值得一试。

然而，没有了打折终究对营销策略影响很大，在销售规模上就要逊色，能否最终做成一个规模化品牌让人疑虑，而且在淘宝上这样的路线鲜有先例，这样的生态下，回头率就成为了决定店铺命运的指标。最近，这家店内在举办小额的满就送活动，这样的活动并不能对流量形成大刺激，但却能对老客有很大的作用。虽说男性商务系列消费频率并不高，每人一年也就2~4件，但店铺瞄准的是其背后的消费潜力。目前店内老客中一半的消费者为女性，说明购买者背后丰富的裙带效应金矿。只可惜当下海e家吸引顾客回头的措施仅是短信和邮件推广，对会员也没有系统的管理，优惠也仅限于发放优惠券，可以说处于比较松散的状态。事实上，若能成功强化会员营销战略，其前景非常值得期待。

延伸阅读：反思 PPG 之死

以衬衫为市场切入点并快速取得初步成功，让人想起网络直销先驱 PPG。业内人士认为 PPG 坠落的原因主要是没有控制好质量问题导致了一系列连锁反应，还有高昂的广告投入下极低的 ROI 让资金流万劫不复。据估算 PPG 获取新客户成本超过 220 元，这个教训说明推广一定要做好可控和精准，因此后来的凡客等都改作按成交单数算提成。海 e 家新用户成本控制在 30 ~ 40 元，小于毛利尚属健康。而品牌试图以衬衫拉动其他品类的销售策略效果并不明显，其他品类销售额仅占比约 10%，说明在其他品类上存在的高客户成本，将来是坚持专精还是开拓品类需尽早规划。供应链上，海 e 家的制造业背景让生产、产品质量和售后服务上有主观优势，但若想将品牌知名度变成品牌价值，还有很长的路要走。很多企业在推广过程中出现了过于注重广告和抢占市场的心态，忽略了品牌价值的建设，这样的趋势要极力避免。对于服装制造来说，持之以恒地提高质量和服务才是唯一能赢得消费者的道路。

夕阳红里潮范儿

女装是淘宝占比最高的类目，如何异军突起？成功的品牌往往是将“做淘宝，要垂得很直”的理念贯彻得最为透彻的。

杨玲莹

一家濒临关闭的淘宝女装店，5 个月的时间不仅将自身从死亡线上拉回，还成功挤入淘宝中老年服装 TOP3。品牌定位的优化以及围绕品牌的一系列运作让店铺起死回生。

打中老年潮牌

乐卡索的淘宝之旅从 2011 年 1 月 12 日开始。第一年的尝试并不成功。

2011 年，老板朱豪君忙着做线下业务，线上店铺就交给朋友经营。当时，朋友抱着能赚一笔是一笔的心态来经营，频频使用聚划算这种短时间海量跑货的方式。由于客户体验不好，DSR 评分一度跌到 4.5 以下。一般淘宝店铺评分都在 4.5 至 5 分之间，低于 4.5 分，店铺几乎就没有存在的必要了，因为不会被搜索到。

关店威胁临近，2012 年 1 月 12 日朱豪君收回店铺自己打理，凭借多年品牌运营经验，他对品牌定位和运作来了场大变革。

首先是品牌定位，任何一个成功品牌都必须有让人记忆深刻的价值传递。

当时淘宝市场上已有成功的中老年服装淘品牌：麦子熟了。正如其名，它在中老年的特定年龄上下工夫，主打温馨牌。这一时期的女性犹如“麦子”到了成熟期，可以收获满满的幸福。这种品牌定位赢得了部分用户的认可。同时由于进入得早，“麦子熟了”目前在中老年女装品牌中位列第一。

朱豪君没有沿着“麦子熟了”的思路走。他认为，女人无论到了哪个年纪都是爱美的，尤其现在物质生活丰富，时尚、美丽也是中老年人的追求。中老年“辣妈”成为乐卡索的用户定位。由此诞生了品牌定位：适合中老年的新潮女装。乐卡索的口号也很契合这一定位：一直美下去。

寻找“普通”设计师

定了“时尚”基调后操作起来并不容易，首当其冲的是货源问题。充斥于市场的中老年服装基本是几十年不变的宽松款式、灰黑色调，毫无新意。做了十多年服装的朱豪君很清楚这一点，他只能另起炉灶。

乐卡索与服装设计师合作，由设计师负责设计、代工，乐卡索按批发价收单。品牌定位有“潮”概念，但是朱豪君并不希望找最潮的设计师。“非主流、后现代、夸张剪裁肯定不适合中老年，再潮它也是中老年服饰，沉稳、大气的主基调还是要把握的。”但同时，只会传统样式的设计师也太过沉闷。乐卡索需要的是既能 HOLD 住经典款又有创新、突破的设计师，需要有设计经验、懂中老年服装市场。这样的人并不好找。

朱豪君基本都是通过熟人介绍再加试用来选人。接下来他广泛征集设计师合作对象，通过分成、供货等多种方式吸引优秀设计师。

营销路数改变

做品牌就不能靠特价促销这种“打鸡血”式的方式来做营销，为了提升品牌形象，店铺营销上做了多种改变。

先是产品定价。原先定价随意，销售方式基本通过聚划算来完成，没有自然流量。变革后的产品定价用“271”策略，即20%低价款、70%主体销售利润款、10%品牌提升款，用这种方式来吸引自然流量。

同时为了拯救历史遗留 DSR 低评分的问题，增加品牌的美誉度，店铺策划了“晒好评，赢好礼”的互动活动。同时通过组合拳：直通车、淘金币、淘客集中引流。其中直通车自然就是火车头，日均投入从无到有，从 100 元到 6000 元，峰值到过近 1.8 万元。

2012 年 3 月 31 日，乐卡索实现线上经营的第一次蜕变：开店 69 天月销售额冲进女装前 130 名。

此后的母亲节活动再下一城。5 月 3 日“金色年华 感恩母亲”主题活动启动，单日销售过 18 万元。5 月份销售额杀入女装 TOP60 名，稳居中老年女装品牌热销前三甲。

华丽丽的数据宣告了“乐氏救赎”的成功：成交额从 2 月份的约 75.7 万元飙升至 5 月份的 356 万元；用户数则直接翻了 7 倍，从 4000 人升至2.8万人；店铺转化率从3.01%升至4.13%。

至此，濒临关店的乐卡索成功逆势回天。

坚持“一垂到底”

女装是淘宝市场占比最大的类目，也是竞争最惨烈的领域，要杀出一条血路绝非易事。而那些异军突起的成功品牌往往是将“做淘宝，要垂得很直”的理念贯彻得最为透彻的。乐卡索也是这一理念的拥趸者。

首先在丰富产品线上。经过调查发现，线上中老年服装市场有个购买特点：子女们帮妈妈购买。淘宝数据魔方上显示中老年女装的购买者年龄40岁以上的仅为15%左右，其余均为40岁以下，其中25岁至29岁为主力人群。在搭配理念上，这一人群有别于上一辈，他们习惯将帽子、首饰、鞋包等众多元素搭配在一起。所以产品线上将从目前的休闲日常、工艺时装、休闲牛仔、T恤衬衫、裙裤套装、马甲背心、外套风衣等类别延展至鞋帽、箱包、饰品。新产品的设计还是遵循“潮”的理念，服装方面的成功操作模式将被复制到其他产品的开发上。

另外，中老年人经过几十年的工作积累，手头较为宽裕。他们中有一群人追求面料品质。针对这一人群，乐卡索从今年开始就将加入200元以上的针织款，未来陆续将推出羊毛、羊绒等客单价在数百元的高档产品。

Tips　乐氏品牌定位

女人无论到了哪个年纪都是爱美的，尤其现在物质生活丰富，时尚、美丽也是中老年人的追求。中老年“辣妈”成为乐卡索的用户定位。由此诞生了品牌定位：适合中老年的新潮女装。乐卡索的口号也很契合这一定位：一直美下去。

记者手记

恰到好处的品牌定位也需要强有力的团队来推动，尤其是未来打造成“中老年服饰的百货店”，更需要强大的管理、推广和物流团队，这也是很多店铺的成长烦恼：离开了单打独斗，如何打好集团军之战？快速发展中的团队建设刻不容缓。

（注：石欢对本文亦有贡献。）

小烤串，大市场

存在即是合理，即便是家庭作坊起家，在淘宝上卖小烤串也大有市场。小成本、精服务、人肉快递，原始烧烤就这样开始了O2O的尝试。

许静纯

据不完全统计，淘宝生鲜类目大概有店铺10多万家，在整个淘宝市场中约占1/60。相较于早已饱和的服装及鞋装配饰来说，与本地生活服务联系更加紧密的生鲜食材尚有机可“乘”。

事实上，早在大家还不重视细分市场的两三年前，原始烧烤旗舰店就已经乘着东风，走上了“精分”的道路：食品中卖生鲜，生鲜中卖半成品，半成品中卖烧烤。被戏称为“奇葩”的这家店铺，把线下烧烤摊常见的产品搬上了淘宝，去年已经升级至两皇冠，虽然客单价仅有二三十元，但已实现年销售额150万元，在同类店铺中排名第一。

开店：2000元PK 10万元

在淘宝输入关键词“烧烤”，显示的宝贝出奇统一，大都是烧烤架、烧烤炉。在2009年以前，情况还没有这么乐观。当时，与“烧烤”一词相关的，基本都是竹签之类的厨房用品。作为第一家吃螃蟹的店铺，原始烧烤没少受伤。在创始人李烨的记忆里，处理宝贝错放类目、被淘宝下架的事情几乎是家常便饭。

李烨开店的初衷很简单：父亲辛苦，给家里增加点收入。李烨的父亲在线下有一个小小的烧烤摊，经营多年，生意最好时日销售额能达到2000元。而较早接触电子商务的李烨，在创店之前，早已有与伙伴共同创立B2C购物网站及两皇冠充值店铺的经验。“做烧烤的到处都有，做电子商务的也有，但把电子商务和烧烤结合在一起的复合性存在，没有。”于是，父子兵上阵，一个做采购和加工，一个负责运营，就这么把日销售额推上了最高10万元的顶峰。

原始烧烤于2008年11月份上线，上线产品大约60种。那时候，淘宝店铺对于原始烧烤来说，只是一个信息发布的平台。“买家在线上看到我们店铺，可以到现场来看货，烤给他吃。”

彼时原始烧烤还没有门店，仅有一辆用于摆摊的手推车。几乎是零成本起家的店铺，用这样的方式积攒下了第一个实体店的租金，并且免去了宣传费用。

2009年，李烨租下了一个不足5平方米的小铺子，并逐渐完善团队。这一年，屡经产品被下架及差点被处罚的风波，原始烧烤发展速度平平，一年下来销售额最多不超过30万元。“上了五钻以后好很多，年销售额比上一年多出了一倍。”这一年，则是2010年。

2010年，淘宝类目规划更加全面，原始烧烤店铺里的羊肉串、牛肉串、豆干串等等产品，各自“有枝可依”，被下架的风险大幅度降低。此时原始烧烤又经历了一次门店搬迁，李烨团队把地址搬到了上海翔殷路隧道附近。“这里靠近上海两个知名的户外烧烤景点，有很大的市场潜

力。另一方面，往浦东方向的这一条隧道晚上经常塞车，附近只有我们一家店铺，招牌上写着淘宝店名和店址，无形中又获得了不少曝光机会。”更重要的是，上海最大的国际水产市场以及杨浦区肉类批发市场也都在门店附近，店铺进货、补货比以前更加便利。

依靠着线上参与，线下传播的方式，这一年原始烧烤以100%好评的成绩上了1皇冠。

营销：成本PK口碑

在酒香也怕巷子深的时代，没有惹人注目的集群优势，也没有高富帅的出身，莫非原始烧烤掌握了神奇的推广绝招？可是，你不知道，原始烧烤的推广费用，平均下来每天还不到百元。

李烨公开的店铺数据显示，2012 年 4 月份其直通车点击转化率最高有 140%，最低是 24.39%。在顾客来源方面，二次购买率达 25%。现在，店铺共累积了 6500 名左右的会员，活跃会员比例占 40%。“我们的营销秘诀就是：口碑。”

有调查结果显示：一个企业争取一个新客户的成本是保留老客户成本的 5 倍；一个满意的客户会带来 8 笔潜在的生意，一个不满意的客户则可能影响 25 个人的购买意愿。很明显，原始烧烤深谙其道。在店铺评价里，有经朋友介绍到店铺交易的买家说：“去公园烧烤选择这家店很不错，下单的服务也很人性化，非常方便!”不过，中差评也并非是绝迹的。有买家在评价里指责快递员迟到，或者漏送筷子却不愿补送。

“我们在乎的是通过努力，售后服务能挽回顾客对我们的信心。”为了完善售后服务，原始烧烤也制定了一些策略，譬如不好吃直接退款，并再送一份品尝；迟到一分钟，自罚一元钱等等。收到买家投诉后，李烨说：“一般不用提供证据，像拍照上传也不需要，双方协商之后我们可以直接退款到对方支付宝。”

然而，对于可能不怀好意的中差评，李烨也做足了防范。“一般来说，如果有买家同时拍下七八十个品种，我们客服就会比较警醒。”为了降低可能被大范围中差评的风险，客服会生成其他总额度相同的链接，让对方拍下并付款。

提及店铺目前 DSR 的评分两红一绿，李烨笑说：“都是我卖红枣卖绿的。”2011 年年底，淡季中的原始烧烤新上了一批红枣。可是，由于选品不准，客户人群不匹配，销量情况一般暂且不说，买家对产品的满意度更是不高。“剩的很多，不过准备把它下架了。”

物流：专业 PK 兼职

如今，原始烧烤一个订单的处理环节是：非旺季（春秋季）客户需至少提前 24 小时下单，收到订单后，员工随即进行采购；采购结束，员工必须在发货前 8 小时对食物进行加工，然后放入速冻柜。在客户指定收货时间的前 2 小时内，员工开始分拣货物，完成分拨，随后配送到各个客户手中。对时间点的严格控制，有利于最大程度上保证食物的新鲜。

至于物流，90% 的订单原始烧烤自行解决。为此，店铺险些因为无法提供快递单据而被淘宝判定为信用炒作，所幸后来用客户的签收单据替代，逃过了一劫。既然是微型自建物流，那人力和物力如何解决？

目前，原始烧烤拥有冰柜若干，30 吨的冷库一个，尚能应付目前的产品储放。至于“人肉”快递则借助着上海较为成熟的地铁交通线路，跑遍全上海市区。对于上海之外的地区，原始烧烤则有选择性地与顺丰快递合作，保证定时送达。

而从事快递的员工，大多数是来自上海各个高校的大学生。据不完全统计，原始烧烤团队里现在共有 68 名学生从事兼职，他们每小时可拿到 12 块钱的薪酬。“我们参考的是 KFC 的培养体系，在团队里，他们可以做快递员，也可以做客服，也可以参与策划和运营。”如果学生毕业，因为团队不稳定而带来工作效率降低的问题该如何解决？这一方面，李烨想得很开：“他们很多都是一届带一届，学生很重感情，没有太多利益牵绊，也肯奋斗，给团队带来的正能量很多。”

这个“奇葩”店铺如今正在全国范围内寻找合作伙伴，“找一个靠近货源的地方，一年盈利 20 ~ 30 万元不是问题。”而对于大本营上海，李烨的想法是，两年内在各个区开起实体店，采用前仓后店的方式，将 O2O 进行到底。不过，李烨并不只是想卖烧烤：“我想跟各大食品集团合作，打造一个生鲜类食品超市。”

“蜂”火背后——卖爆蜂蜜土特产

前期靠着真心实意闯出一点小名堂，抓住自身优势打造特产品牌，小蜜蜂的成长之路稍显迅猛。

王晶菁

近年来，随着人们生活水平的提高，蜂蜜作为一种大众都能享受的营养品受到消费者的广泛青睐，市场上更出现了供不应求的现象，而这也给了不法分子有机可乘的机会。

“为什么超市货架上的一瓶蜂蜜比自家批发价的还便宜?”四明山蜂业的掌柜葱妈说，那是经过了多少道加工工序，有的就是用白糖熬制出来的。

刚开店的时候，葱妈因在论坛上发布了一篇揭露行业内幕的帖子备受关注。“一个新生卖家怎敢如此拆同行的台?”虽然受到了同行的指责，但她还是坚持走自己的路，靠着真心实意的做买卖闯出来一点小名堂。

随着市场竞争日益激烈，眼看同行卖家即将赶超，四明山蜂业又抓住了自身优势打造特产品牌，并以集市、天猫分店而治的战略抢占市场份额。两年半的时间成为蜂蜜类目首家金冠店，四明山完成了从小卖家向公司化的转型。

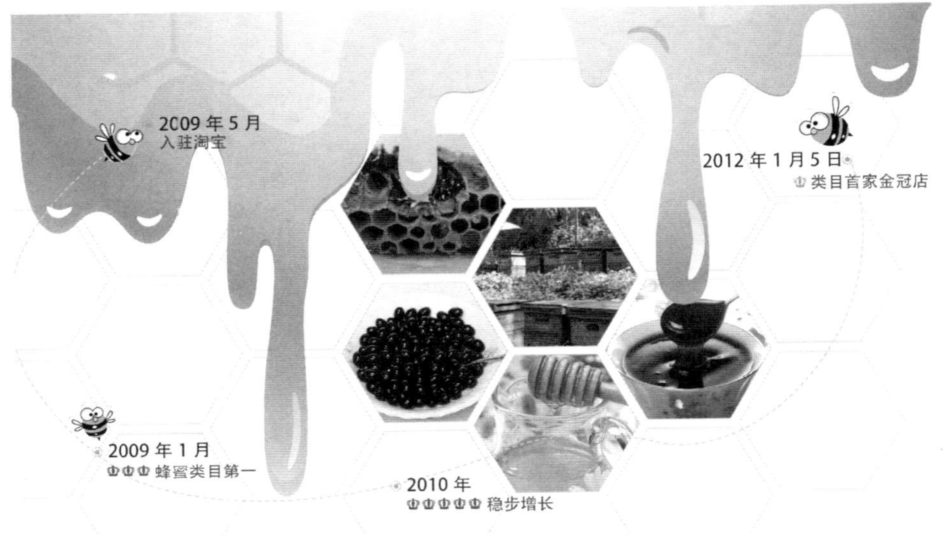

首次上位注诚信

国内的蜂蜜主要以洋蜂（意大利蜜蜂）和土蜂（中华蜜蜂）为主。而通常市面上销售的蜂蜜是蜂农养殖洋蜂所产，根据其不同花期采集的又可分为槐花蜜、菊花蜜、油菜蜜等。而由于洋蜂产蜜周期短，所以蜂蜜浓度低，品质营养成分远不如一年只产两次的土蜂蜜。葱妈的家乡四明山因生态环境优越是土蜂蜜的盛产地。

根据消费者的购物习惯，一般会通过网购来挑选原产地销售的性价比高的产品，依靠货源而建起的店铺正是符合了这一需求。四明山的蜂农大多直接将蜂蜜批发给经销商，少有做零售的。因而所售土蜂蜜以批发价来定就比市场上便宜很多。但低价也有低价的困扰，那段时间媒体曝光了有关假蜂蜜的相关报道，使得消费者购买蜂蜜心有疑虑，且新开店铺信誉不高，会得到信任吗？为解除消费者的后顾之忧，葱妈向消费者承诺 15 天无理由退换货，并将自己和蜂农上山采蜜的照片，以及四明山养蜂传统的介绍发到帮派，增加了产品的可信度。

此外，葱妈回忆，2009 年淘宝市场销售蜂蜜的卖家并不多，消费者网购蜂蜜的意识也还不大。所以为推广店铺，直通车、首页推荐等资源还是要利用起来。"我只是想让消费者知道蜂蜜也能网购，且对身体有益，并不是想着把自己的店铺推广出去。"她介绍，当时一天投放直通车 1000 元，会有 5000 元的销量，即使亏本只要能报上名她还是坚持天天上直通车。且在投放时需讲究技巧，如限时折扣等，能促成顾客快速下单。也正因如此，在 2009 年底，四明山蜂业的信誉积累到了三皇冠。

二次跨越顾客维护

除了适当的店铺推广外，做好老顾客的维护，以及 SNS 营销也是四明山蜂业快速成长的关键。长久以来，四明山的定位就是土家温情路线，店里的顾客都将掌柜当成朋友，在掌柜说、微博、帮派上时常能看到大家伙儿拉家常似的聊天，以至掌柜说上一条结婚纪念日的感言都能有几十条的祝福回复。

店铺每次研发新品都会召集 10～20 位优质顾客试吃，收集他们的反馈意见后再对产品进行改良，直到大家都满意后才上架。店内一款自制的蜂蜜柚子茶就经过了 4 次改良，前后花了一年的时间。谈起与这些顾客的关系建立，葱妈说都是无意间形成的。刚开始店里只有她一个人忙进忙出，有时忙得都没时间回旺旺留言。于是她就想到建立几个旺旺、QQ 群，让顾客在群里留言，等自己中午吃饭的时候再一一回复，而一些热情的顾客还会帮忙给出意见，或是交流一些购物经验。如此，店铺的群组一天天扩大起来，后来又有了帮派、掌柜说、微博等互动工具。现在光靠葱妈一个人打理都来不及，还需要专人来负责这些群组的维护。

店铺确立了明细的顾客等级制度。首先将顾客分为新老顾客两部分。新顾客中上次购买间隔 3 ~ 5 个月之内的为休眠期，6 个月之前的基本已经为流失顾客。这样的划分标准也适用于老顾客，但老顾客用户黏度已经比较强，所以即使半年不购买也仍有潜力。如此区分后，需要刺激消费的就是休眠顾客。通过旺旺、短信或者电话等进行定期回访，在节日、生日等特殊日期送上祝福等，虽然都是一些常用的技巧，但配合适当的 VIP 顾客特有的优惠措施也会有意想不到的效果。

春节期间，店铺给一批 3 个月之内没有购物记录的顾客发送了 20 元只限春节期间使用的电子优惠券，此外，购物满 200 元之后还有优惠券赠送。据统计，有 3000 多位顾客使用优惠券购买。换言之，简单的一条短信激活了店铺有可能会流失的休眠顾客。

持续发展战略调整

最初四明山蜂业只销售土蜂蜜，但随着客户群体的增加，为满足需求店铺的货品品类也急需扩充。但土蜂蜜一年只能采两次，且因生长习性不采树胶，不易生产蜂胶，商业价值较低。因此，葱妈除联系更多的蜂农供货外，还需去外地采购蜂蜜，也就是之前介绍的槐花蜜、油菜蜜、紫云蜜等养殖洋蜂所产的蜜。此外，也通过自主研发一些玫瑰酱、芝麻酱等蜂蜜调制品扩充品类。但为了不影响店铺主打土蜂蜜的金字招牌，在货品配比上土蜂蜜及相关调制品还是会占60%以上。

每年，葱妈都会对一年的销量进行预估，基本会预留20%的库存。土蜂蜜的产期在每年的4月、10月，所以每半年葱妈会预定12吨的蜂蜜，以保证每月有2吨的产品供给。而为平衡销量，店铺推广的技巧也很重要，“双十二大促的时候只能做玫瑰酱等可量产的，有时看

到这个月库存不够了就换个商品推广。”葱妈说，以前由于对销量预估不准确，店铺曾出现过两个月没货销的情况，所以现在土蜂蜜等招牌产品很少会打折销售，“因为没有量来做活动。”

早在店铺开张半年后，葱妈便注册了“四明山蜂业”品牌，用于自制土蜂蜜的罐装生产。为扩大生产规模，她和朋友一起在江西开设了一家工厂，招来有多年经验的蜂农负责产品质量的监控和罐装技术，并获得了生产食品所需的QS认证。如此，店铺也从一家私人小店向企业规模化转变。配合这一规划，四明山天猫旗舰店于2011年12月上线，专售自有品牌的蜂制品，而为区分定位，集市店将主打滋补产品，产品线扩充至涵盖蜂产品、燕窝、银耳、VC片等产品。近期葱妈也在和一些滋补品商谈合作事宜，并做好团队招募工作，毕竟面对现在的市场竞争，原来的那些套路已经不够用了。

战略调整需谨慎

依靠货源产品优势，以及及早切入市场，四明山蜂业迅速奠定了自身在蜂蜜类目中的领军地位。但随着更多的卖家涌入，市场已变得混乱。产品同质化严重，质量参差不齐，葱妈感慨生意越来越难做，2011 年虽有 100 多万元的销量，但紧随其后的卖家随随便便也能做到六七十万元。客户在增加，光蜂蜜这一独门商品已经无法满足市场需求，所以，向滋补品类目延伸看似一个不错的选择。但值得注意的是，当初消费者选择四明山是冲着土蜂蜜来的，产品多了是否会扰乱品牌在消费者心中的形象？品类扩张需谨慎，品牌形象维系更需持久。

专业化卖躺椅

在躺椅的市场中，尽管商品很多，但真正专精躺椅的商家和品牌仍是空缺，午憩宝恰好嗅到了这一契机。

赵翚

“中午不睡，下午崩溃。”每到午休季，办公室里都流传着这样一句话。可见，午休对于上班族来说是多么的重要。为了解决办公室午休难题，不少人会买一把躺椅，供午休使用。但从线下超市、杂货店卖躺椅的店铺现状来看，商品少、选择余地也小。同时考虑运输到办公室的便利性，在网上购躺椅，更容易让消费者买单。

午休，似乎是办公室白领的“专利”，所以午休躺椅的消费人群，主要就是他们。白领的购物特点，多数喜欢追求品牌感、质感。正因为找准了用户需求，午憩宝才能从这个单一的市场里突显出来。

找准小市场缺口

相比淘宝竞争激烈，价格战打得你死我活的现状，划分自己的疆土，专精扎深，似乎更容易分得让他人眼红的一杯羹。

在淘宝搜索“躺椅”，有5万多件宝贝，出售躺椅的卖家有两千多家，相比男装、女装等大热类目，躺椅市场并不大，竞争也没那么白热化。市场小，“肥肉”就容易被人忽视。午憩宝不是淘宝第一个卖躺椅的，却是只卖午休躺椅的店铺。

线上躺椅市场跟线下躺椅市场其实有着大同小异的情况。仔细观察卖躺椅的店铺，并不那么专业。多数店铺不仅商品图片简单、产品卖点不明显，而且这些店铺里的躺椅，多数是和其他住宅家居一起销售，只卖躺椅的店几乎没有。也因此，目前躺椅在淘宝没有属于自己的分类，多数被归类在沙发、折叠床等几个小类目下，可见其市场尚未形成规模化。

品类复杂、不专一，容易让店铺看起来像个杂货铺。缺少专注，也决定了在躺椅行业里，很难出现让人想到躺椅就能脱口而出的品牌。尤其是对于作为白领的消费人群而言，他们认为专注的肯定会是专业的，专业的便是好的品牌、好的产品。正是迎合了消费者的这个心理，午憩宝的点击转化率高达30%。

“微创新”冲刺杀手锏

目前淘宝躺椅市场里的午休躺椅，几乎是千篇一律，款式雷同，材质雷同。在这样同质化严重的市场里，从零做起的午憩宝，想要自己的产品跟其他店的有所区别，就需要创新。

学计算机软件出身的程韬，对躺椅设计一窍不通，若想一步到位优化躺椅款式，并非易事，于是决定从躺椅的外观、细节、材质上做些细微调整。在外观上，采用纯色烤漆等，区别其他款式；在材质上，加粗方管，提升安全性；在细节上，提升脚架的打开角度，打造舒适度。按

着三个维度，不断创新躺椅功能性、舒适度等卖点，让午憩宝的产品跟别家的躺椅有所区别，正因如此，程韬表示午憩宝的产品很难被其他家模仿。当产品被别家仿制出来的时候，午憩宝就已经有其他微创新了。

而这些改良的灵感从何而来，其实获取成本几乎为零。因为绝大部分改良方案是来自用户评价和反馈。只有用户使用后的感受才是最真实的，而满足消费者需求，才能将产品越做越好。

随着产品调整，午憩宝进货模式从 OEM 转变为 ODM，让彼此之间的合作不再是拿货结款那么简单。原本相互抄版，而现在工厂却要根据需求来生产躺椅，就成了午憩宝与厂商之间的“心结”。

为了缓解这一矛盾，午憩宝充当起产品经理的角色，在消费者中把他们的意见收集起来，反馈给生产厂家，以便及时进行躺椅的“微创新”。原本厂商一味地在进行生产，并未真正关心过自己产品投放市场后的反应。而通过午憩宝收集回来的信息进行产品改良，似乎更符合消费者的期望，也让厂家更乐于接受午憩宝这样“微创新”的模式。

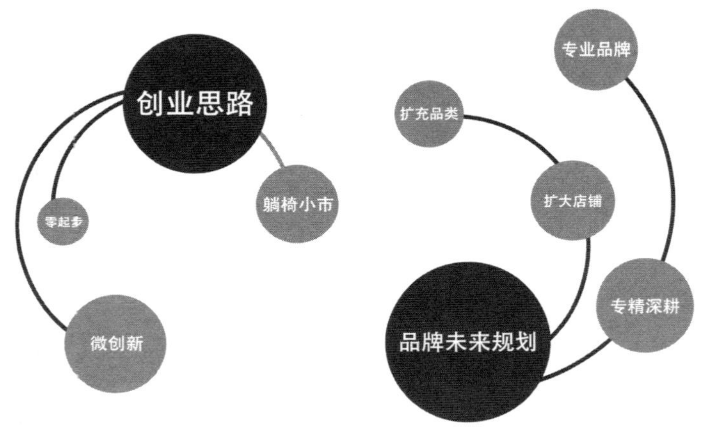

好的“微创新”就该被消费者所知悉，所以宝贝详情页的展示就显得尤为重要。午憩宝从消费者的角度来阐述产品功能，让消费者得到认可之后产生继续浏览的兴趣。然后再突出产品功能和卖点，激发消费者的潜在购物欲望，让消费者对午憩宝产生信赖感。

向非专业人士提出专业卖点，就让产品跟市面上的躺椅有了细微的区别。当产品有了辨识度之后，它也自然容易被消费者记住。有了个性化功能的躺椅，自然“身价”也有别于其他普通躺椅，只要改良后的产品实用性强、安全性高，即使价格略微提升，也容易被消费者接受。

通过这样的做法，午憩宝从开店时 133 元的客单价提升到了 170 元。通常卖家在销售策略上，会以价格为营销核心，店铺一切运营都围绕着价格来进行布局，致使商品价格不断走低，形成恶性循环，最终进入死胡同。反之，午憩宝以“顾客”为核心来布局和制定营销策略，从服务、差异、产品入手，形成良性循环，致使客单价出乎意料地越卖越高。

快跑后，继续小微 or 目的性扩张？

尽管店铺的 SKU 只有 18 个，但到 7 月份午憩宝的月成交额已经突破 100 万元。走得太快，瓶颈就很容易显现。

首先，午休躺椅本身就是季节性产品，而其销售旺季在每年 4 月末至 9 月末。一旦过了销售旺季，市场需求就逐步减少。而午憩宝打着午休专家的口号为卖点，其产品功能又是主要针对午休这件事，销量自然会受到影响，这就好比保暖内衣只能卖一个季度，是同样的道理。

其次，午憩宝的 SKU 很少，产品功能性过于明确，局限了其产品的销售渠道和对象，且仅从现在店内躺椅款式多以简约现代风格为主的情况来看，其应用场景为办公室居多，相比户外折叠凳、家居沙发等品类，午憩宝产品应用场景单一化，同时也造成销售群体过于狭隘，市场就会变得更窄。

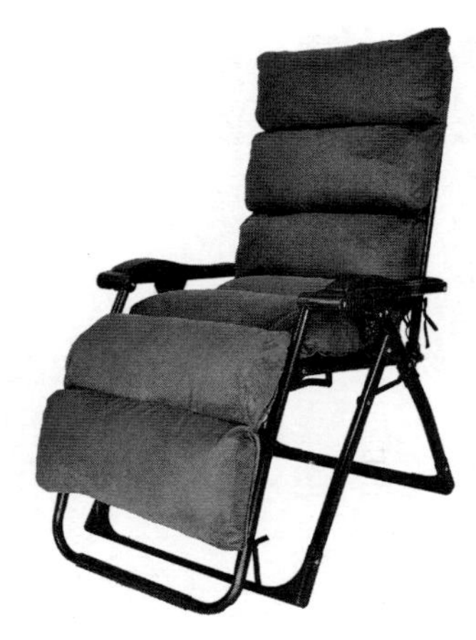

此外，午休躺椅其实就消费者而

言，并非“快消品”，相比袜子、衣服等更新频率相对缓慢，所以当这个午休躺椅市场逐渐饱和之后，午憩宝的天花板就显而易见了。

将来，摆在午憩宝面前的路有两条，扩充品类做大店铺或者继续专精深耕。其一，若要做大做强，面对午休市场需求的局限性，应该扩充品类、调整躺椅应用场景。其二，如果志在打造躺椅品牌，走午休躺椅专业品牌路线，就更该从午休躺椅的功能性、人体舒适原理等方面出发加强产品设计，加大“微创新”的力度，突出躺椅本身的产品特性，才能打造专业品牌。

做“好色之徒”的生意

小而垂的市场，有自身的优势，进入市场快、客户易维护。但进入市场以后，如何起步是难点。

暮木灰

2012 年 8 月，一家只卖紫色女包的店铺从淘宝诞生，半年多时间经营下来，目前的紫魅每月出货量在四五千只，利用小而垂的优势，快速进入竞争激烈的女包市场。

每个人都有对色彩的偏好，少女萝莉喜欢粉色居多，屌丝大叔多数喜欢黑色，但也不乏有些人对颜色的偏爱到了如痴如醉的程度。穿这个颜色的衣服、裤子，甚至把居室墙壁都刷成这个颜色。正因为有这样的需求在，让商家在日益泛红的市场中寻获一抹“紫”色。

互联网驱动紫色

掌柜通常都希望店铺商品色彩斑斓，品类丰富，因为这样能吸引很多消费者的关注。而紫魅的掌柜则不那么认为，尊重个人对颜色的偏爱，亦是满足市场需求的一种方式。至于为何只卖紫色的女包，有着很多机缘巧合。

当下，线上女包市场，除了 LV、香奈儿等国外大牌独领风骚保持在第一梯队，其他传统品牌和淘品牌大多在款式、质量上都呈现同质化竞争的状态，进入市场早的伊米妮、阿札等淘品牌，已经占据电商市场一隅。面对这样的现状，让刚起步的女包卖家看似门槛很高。

“只卖紫色的包，是一种巧合。”线下商品直接照搬上线的模式，让其电商之路逐渐疲软下来。然而这时回看店铺的运营状况，发现有一款没有参加过任何活动和打折促销的紫色包卖得特别好。是否可以根据颜色来满足消费者的需求？自身有供应链优势，不妨再开一个品牌，专做紫色女包。于是，紫魅就这样一拍脑门诞生了。

网络销售的好处，对卖家而言不只是多了条销售渠道，更是扩大了销售面。而紫魅能存活，也是应验了电子商务的这一特性。假设单卖紫色产品，在线下开个实体店，只能吸引到这个区域内的偏爱紫色的消费者，时间一久会是死路一条。而将紫色的女包店开在网上，可以通过互联网的便利性，获取到各个地区对紫色的爱好者，这样对此有需求的消费者基数就变得庞大，市场的蓝海就在这里。

选择紫色又是否顺应了市场呢？紫色，是高贵神秘的颜色，代表权威、声望、深刻和精神。那么喜欢紫色的消费者，究竟是怎样的一群人？偏爱紫色的女性多数是大方、高贵、敏感的白领，有一定的消费能力，年龄层主要集中在 25～40 岁。这决定了这个市场的消费者有其一定的购买力，这方面，国际著名化妆品品牌安娜苏，用紫色作为商品包装色，烘托产品的质感，获得的成功便是最好的佐证。

小市场，小投入

选择紫色，面对的市场就相对狭隘，然而并非市场小，就一定存在局限。在“小而垂”的市场里，商品材料成本就可以大大降低，投入也可以相对减少，而如何合理把控商品上新的节奏、控制好商品 SKU 数，是不可忽视的难点。

“只对颜色做调整不对产品改良，是种粗暴的做法。”目前紫魅女包主要销售对象为白领，与之前的情侣包消费群体不同，若只是延续以前 8090 品牌的产品风格，把颜色做成紫的，很难满足消费者的需求，人群定位也会不够精准。因为有自有工厂的优势，款式的选择性可以很大，而线上销售主要问题是资金周转周期较长，在这点上唐少的主张是不囤面料不囤货。

为了缩短产品的生产周期，让工人只熟练制作紫魅系列女包，紫魅单独开辟出一条只生产紫魅的流水线，这样有效缩短了产品生产周期，把时间控制在5~10天之内，做到不需要囤货。另外，因为25~40岁喜欢紫色的女性，年龄层相对成熟，而帆布系列的休闲女包，无论在材质还是应用场景上都很难迎合这部分消费群体的口味，而相比之下，尼龙因耐磨、牢固等特性，更受这部分人群的偏爱，并且成本也比较低，所以这样一来就不需要囤积PU皮、真皮、帆布等其他面料，相对减少了成本开支。

只生产一种材质，一种颜色的女包，让紫魅可以避免囤货、囤面料的风险。但也容易让消费者出现疲劳，因此在每次新产品规划时，对款式的设计和营销策略就显得很重要。目前店铺有SKU 44个，基本以单肩包和手提包为主。通常新品上新时，每5款包组成一个系列，款式上有形状、大小等区分，以适用场景、功能性作为卖点进行包装，如郊游系列、上班系列等，来迎合市场需求。

小而垂的下一步

在偌大的淘宝市场，面对竞争日益白热化的女包类目，紫魅的做法避开箱包行业同质化、抄板的壁垒，从消费者对颜色的偏爱作为突破口，反而比苦苦打价格战赢得市场的商家，要容易得多。而专卖紫色女包的市场策略，会不会让紫魅的瓶颈过早显现呢？

市场的大小，决定了店铺发展的体积。在网购人群中，偏爱紫色的人并非主流人群，相比之下数量也少，当紫色女包满足所有偏爱紫色的女性需求以后，市场就会几近饱和。因此，适时把握产品上新节奏，让这群特定消费者对产品保持饥渴度，是一种营销策略。

另外，当这部分人群维系好以后，依旧专注紫色市场，那么相对来说，转化率就有一定的胜算。而商品如何能让这部分人群保持活跃度，又是一大难题，因而开发产品应用场景，适当增加紫色的其他相类似的产品，例如行李箱、围巾等生活日常用品，是提升店铺销售额的另一个办法。但供应链能否跟得上，将成为其又一挑战。

小而垂的品类，容易在大市场大竞争环境中找到切入点，迅速上位。但维护好这部分特殊群体、做好 CRM 客户营销是其发展下去的先决条件。其次，要增加销量，进一步做大做强，其供应链、品类扩充是否合理，又是其快速成长之后面临的巨大考验。

Tips 小市场会员营销策略

·收集客户信息，建立基本的用户数据库。

·从信息中进行筛选和分析，根据消费者的不同职业、喜好等来进行有针对性的营销。

·营销工具：手机短信，QQ、旺旺群等。

第二章　杀手锏，洞悉爆款的秘密

▲听说过秒杀店吗？当大家都在烧直通车买钻展做淘宝客的时候，有一群卖家另辟蹊径，他们是用什么方法不花一分钱也能有好销量的呢？

▲月销售额从 7000 元到 200 万元，店铺从默默无闻到箱包类目前 3 名，他们仅花了一年的时间。

▲仅在秋冬旺季发力，年销售额高达 8000 万元，解密 88 后年轻店主掌舵快店的速度和桎梏。

秒杀店的炼成

当大家都在烧直通车买钻展做淘宝客的时候，有一群卖家另辟蹊径，他们是用什么方法不花一分钱也能有好销量的呢？

敖薇

发现番茄家是一次偶然的机会。打开店铺发现，店里只挂着寥寥几张图片，首页上写着大段毫无逻辑的牢骚话，说是网店，看起来却更像是一个私人博客。而这样的一家店，却两年时间就已经汇集7万的收藏人气和三冠的信誉，叫人怎能不去一探究竟呢？

品质好，高客单价也能被秒杀

说起秒杀，人们的传统印象是低价，低价对人的购买欲的刺激往往是最直接的，因此才会形成万人哄抢秒杀的局势。而番茄家是主营女包的，每件商品的客单价在300元左右。在淘宝箱包类目中，这算是一个中偏高的价格了。而这样中高端价格的商品，又是如何做到“秒杀”的呢？

光顾过她家的顾客，普遍反映她家的商品不仅款式漂亮，更主要的是品质高，堪比大品牌，而价格又比大品牌实惠许多。由于品质很好，所以大多在番茄家消费过的人，都会选择再次光顾。因此虽然是单价高的商品，但是由于其本身的品质好，人们同样会愿意为此买单。

品质好，并不是简单的没有瑕疵、做工好就可以了，而更多看重的是细节。用番茄自己的话说，就是要一看款式二看品质三看性价比。这三条说来容易，其实不简单。首先选款的时候，包的设计是很重要的，设计是其灵魂所在，大方简洁并有亮点有特色的包，才会有卖点且更能吸引大众。其次看包的品质，品质是基础。对于品质的挑选，不仅是要求材质好，还要拿在手里就有分量感。这种分量感是由皮包的各部分细节形成的，比如五金件用料好不好，包的内衬如何，包边的裁剪如何，做工方面是否到位……从每个细节去观察、去感受。当这种对包的严格挑选形成一种习惯时，自己也会在挑选包的时候更有感觉、更有把握。而即便是款式和做工都很好，如果性价比不高，也会影响销量和评价。因为番茄对包的要求严格，所以每次挑款也都只有十来件甚至几件，店里款式很少，但样样都卖得不错且赢得了好口碑。

独家货源很重要

虽然商品品质好能赢得顾客的青睐，但如果款式大众化泛滥化，也很难吸引买家。之所以能形成秒杀局势，探其究竟，还有一个原因就是番茄家的东西都很“独”，每个款都是淘宝上少有的款式。

像番茄每一次挑款前，都会先在淘宝上了解下哪些款是已经有人在做的，哪些已经是淘宝的爆款甚至是泛滥的，在挑货的时候，就会特意去避免这类款式。在淘宝商品同质化日益严重的情况下，对店铺商品的要求也就越来越高。如果只一味追求网络爆款，商品就会缺少卖点，更缺乏市场竞争力。因此独有的款式，也是集聚店铺人气、打通销量的一大法宝。卖家们应该挑选适合自己店里风格与定位的独款，将有亮点的款式打造为店铺独有爆款，提升自己店铺的人气与竞争力。

由于对款式质量和性价比要求都很高，所以外贸货成为了番茄的首选。外贸货的品质好，性价比高，更重要的是生产数量都是固定有限的，很少会出现跟单和补单。很多人以为工厂的货一出就是好几百好几千单，全部拿下资金压力会很大，但其实对于外贸货并非如此。外贸货属于工厂代加工，因此能出货的数量就会有多有少，卖家可以根据自己的情况量力而行。番茄在创业初期时候，由于资金少，能力小，每次去厂里都只拿小货（即数量不多的款），虽然数量不多，但对于淘宝销售来说，这一款自己就成了独家。

而如何让厂家可以给到独家货源呢？番茄说主要是要和厂家经营好关系。以她自己来说，每次去厂里拿货，虽然挑的款式不多，但都是整批拿货。对于厂家来说，这样就减少了库存压力。同时自己在销售的时候，也不会透漏品牌信息，在一定程度上减少了厂家的风险。还有就是给厂家回款一定要及时，在和厂家建立起良好的合作关系后，厂家也很愿意将款式好、价格实在的包推荐给自己。

买家成为自己营销帮手

淘宝上的秒杀店并不少，“小怡家”、“小虫米子”都是大家熟悉的秒杀店。但这些秒杀店更多是靠推广手段，用“饥渴营销”的方式将某一款打造成秒杀爆款。而番茄家的顾客普遍反映说，那些秒杀店虽然价格也很实惠，但是服务往往都跟不上。在番茄家不仅东西买的很放心，而且服务态度也好，他们喜欢番茄亲切爽快的性格。

之所以每次上新款都会被秒杀，不仅是因为商品款式好品质高，更重要的是对客户的维护，拥有庞大的黏性强的买家群是秒杀店必不可少的要素之一。番茄说，她最初开店的时候，虽然很多地方都不及大卖家，但自己都会认真接待每一位顾客，不仅仅是给她们介绍商品的信息，还会和她们聊工作、聊生活，把买家当做是朋友。从买家那里，可以获得很多宝贵的信息，比如她们给自己店铺的建议，她们喜欢的款式，她们更容易接受的价格，这些都是自己需要改进的地方。与买家建立良好关系后，再对老顾客实行一系列维护措施，比如会员特别折扣，上新提前通知，或者是特别推出一些特价的新品新款只供老顾客购买。依靠老顾客的口口相传，用户群自然也庞大起来。加之商品款式独特，品质高，自然口碑信用就建立起来了。

这种“圈子效应”现在已被越来越多的卖家应用起来。将有共同爱好的买家集合在一起，通过 QQ 群和微博的形式，让买家相互交流秒杀心得与购物心得。当卖家在微博上传一款新品预告，买家都会争相收藏并在微博上转发分享，将这款产品的信息传递给更多的人。于是信息被广泛传播，看到的人如果喜欢，就也会收藏、转发，再将这个信息传播给更多的人，以此循环。人们对于这种口碑相传的商品的信赖度很高，所以买家的黏性也就很强。

依靠买家建立良好的口碑，用不花钱的口碑营销为自己的店铺造势宣传，店铺的人气也蹿升得很快。但在高销量的同时，后续的维护也很重要。保证好商品的品质与发货速度，提供良好的售后服务，只有提升买家的购物体验，才会赢得更多的好口碑。

Tips　秒杀店应注意什么？

秒杀店虽不愁推广不愁销量不愁信用，但也有其局限之处：

其一，品质一定要好，有问题有瑕疵一定要在售前就说明，价格也一定要实在。因为买家一旦收到了失望多于期望的商品，口碑下滑，就会影响整个店铺体系。

其二，秒杀店难以转型，价格不能涨，商品不能多，买家已经习惯于秒杀形式后，店铺就很难改变。

其三，秒杀店的发展步伐很快，所以要把控好其步伐并且跟得上其发展也并非易事。

箱包店：爆单品到爆全店

月销售额从 7000 元到 200 万元，店铺从默默无闻到箱包类目前 3 名，他们仅花了一年的时间。

施昌彦

在大自然中有一种叫瞪羚的动物，体态小巧，生性机灵，它们不仅机灵敏捷，而且战术变幻莫测，前冲后突，声东击西。在美国企业界中常常把老牌大公司称作“大象”，而把一些新兴的中小企业称为“瞪羚”。OPPO 欧普旗舰店应该说正是电子商务界的一只“瞪羚”。来势凶猛，凭借对电子商务的敏锐嗅觉随时调整自己的步伐，张弛有度地在天猫网中获得一席之地。

2010 年 1 月注册，3 月份开始在天猫网试营业，月销售额从 7000 元到 200 万元，店铺从默默无闻到箱包类目前三，他们仅花了一年的时间。2011 年的“双十一”大促中，他们以当日成交近 300 万元的成绩跻身箱包类目 TOP5，目前也正以 260% 的年增长速度发展。这些快速成长的背后有何妙招？

打法：以爆制爆

创业初期的淘宝店主大多会在选品上纠结，掌柜赖剑威也同样如此。

他考虑着：该从淘宝上热卖的女装女鞋类目开始学习？还是另辟蹊径找一个不常见的产品创业？考察了广州的电商市场后，他决定从箱包类目入手，对比淘宝上发展成熟的女装、女鞋、化妆品等，箱包没有码数的束缚，款式不多，库存不大，操作灵活。而且当时这个类目在淘宝网的竞争还没有白热化，对流动资金的要求也不高，比较符合自己一穷二白的现状。

“创业的启动资金不足一万元，前期整个团队只有两个人，我做运营和推广，合伙人刘旺君负责拍摄。定位 PU 皮女包产品，刚开始操作只是在谈判的工厂里面拿些样板包拍摄，样板包卖一个库存就会少一个，就这样赚取一些差价。”赖剑威说，第一个月直通车花费 400 元，加上自然流量的推广店铺销售额 7000 元，第二个月继续加大直通车的投放，销售额超过 10000 元，渐渐地销售额成倍增加，淘宝上大多数人的打法是制造出一个爆款，再通过爆款带动店铺的整体销售额，于是他们决定也从单品角度突围。

♡颜色突围

当时箱包类目大多数包的颜色是黑色、棕色、咖啡色等，直通车排名前几的女包也是冷色调为主。为了吸引客户的点击，赖剑威选了宝蓝色的一款女包为主打宝贝。这款包的背法可以斜跨和手提，功能上满足大多数人的要求，材质在 PU 皮中属于中上，加上细节的做工较仔细：YKK 的拉链，内层多功能设计，边侧装卸式手提扣环，而且搭配了凹凸质感的金属吊饰，搭配出席不同场合，价格实在，性价比高。因此产品刚上架就出现小热卖，两个月累计 1300 个销售记录，30 天内销售接近 900

个。加上店铺每日直通车推广，后来该款女包每日销售可达到100个以上。2010年底“女包”这个关键词在淘宝自然搜索排名前三的销售量是3000个。通过这样的售卖趋势，当月该单品销售达到3500多件，保持在女包搜索的前三名位置。

在女包设计的过程中，店铺选择的款式避开目前淘宝热卖的抄袭款和仿大牌款。走差异化的打法，避免沦为价格战断杀，以简约为主，依然选择了从颜色和面料上加以创新和突破，打造了自己的款式风格。紫罗兰、玫红、奶茶色、孔雀蓝、藕粉这些服装上常用的色彩被大胆用到女包中，每款包的内衬都使用含有 Logo 的布料。还尝试了把 Logo 融入 PU 面料的设计，这样自己工厂生产出的面料制成皮包时带有 Logo 品牌，即使其他同行有意抄袭，也只能望而却步。

♡爆款合力

这款宝蓝色女包带来的流量占据整个店铺的 15% 以上，也拉动了整个店铺的销售额。在推热卖单品的时候，店主开始培养可替代的潜力爆款产品。由一款单品打造了数十款单品，目前店铺内月销量达千个以上的单品保持在 10 个左右，10 个左右的爆款一起发力，整个店铺的销量得到迅猛的提升。而店铺的第一款宝蓝色女包已经售卖了近 10 万，后期推出了 20 款其他色彩的同款女包。从 2010 年 10 月份店铺的销售额达到 16 万元开始，一直保持稳定的增长。2011 年，线下的设计师团队加入店铺后开始扩大新品，店铺 SKU 从刚开始的 20 个增加到 120 个，设计师每个月设计 200 ~ 300 个女包款型，由大家从中挑选出 50 ~ 60 个最终胜出款加以生产，最后确定销量好的产品持续主打。这样的快速打法成效好，很快让 OPPO 欧普旗舰店成为女包类目排名前十的店铺之一。

团队：利益捆绑

用单品带动爆款产生销量不是赖剑威的首创，但是在众多竞争中依然可以脱颖而出，除了产品自身的因素，也和团队的目标一致有关。2010 年 OPPO 欧普旗舰店的销售成绩吸引了合作方老板闫奎峰的注意，工厂老板提出合作意见。随着团队人员越来越多，为了让大家都能有共同的目标，最好的办法就是分股，不同于简单的发薪水，股份制的合作方式会让团队的成长更快。每个人把工作当做自己的事业，团队凝聚力上优于别的电商团队。持股的核心成员有四个人，大家持有不同比例的股份，分别负责四大块。闫奎锋作为OPPO品牌的创始人有工厂和设计师团队，负责供应链管理和产品的设计；刘旺君负责产品的摄影和视觉包装；赖剑威负责运营和营销计划；罗少锐负责供应链仓储和后勤。整个团队的发展没有出现常规的“人多主意多”的局面，反而比其他电商团队多了几分沉稳，从两个人发展到目前的25个人，因为股份制的团队组建模式，员工没有一个中途跳槽。

会员：频繁扒拉

为了提高会员的粘度，促进再次消费，店铺开始把精力放在服务和体验上。因此，店铺每次促销会对购买记录在三个月之前的老客户进行短信通知；既可以避免对新会员骚扰，也可以促进老会员的再次消费。如果遇上“订单未确认付款”的产品高于活动价格，卖家会自动修改价格，减去差价；与此同时，运营团队在“掌柜说”中以活动的方式和粉丝互动，每两周展开一次竞猜、买家秀或者投票，目前粉丝已经达到两万多人；为了更好的客户体验，在产品的包装上也做了调整，渐渐地体现出品牌感觉。以高出同行0.3元的成本定制专门Logo礼盒，每一份礼盒中均有购物袋，防潮袋等。根据店主数据统计：通过一系列对会员的互动和维护，老客户的二次购买率达8%，这一比例高于同行的平均值5%。

记者手记

OPPO欧普旗舰店的发展模式是创业者在少量人力、少量资金和货源的情况下，以一件单品带动店铺销售额的方式。不得不说在直通车和淘宝活动的催动下，这是能很快发展的高招。然而随着电子商务的发展，店铺竞争加剧。这样的销售打法模仿指数高，也不是长久发展之计。稳定店铺流量和销售额并提高服务质量需要同步进行，如何能保持快速发展的势头并持续扩大影响力？目前店铺的定位是25～35岁的女性人群使用的PU皮女包，然而对于PU皮女包而言，客单价不高，新品层出不穷，难免会沦为价格战，加上麦包包等大品牌的压制和新生网络品牌的穷追不舍，店铺前途未卜。对于瞪羚类型的网商们而言，跑得快，嗅觉敏锐是他们的优点，但是如何能和实力强大的“大象”们长久博弈，在电子商务的厮杀中获得真正属于自己的地盘，则是他们的短板，也许对于这一群电商新人来说战争才只是刚刚开始。

爆款也能高客单价

仅在秋冬旺季发力，年销售额高达8000万元，解密88后年轻店主掌舵快店的速度和桎梏。

施昌彦　吴慧敏

2011年淘宝销售额过亿元的卖家不过30家。下半年才发力的女装卖家“我是阿式”全年营收却达到了8000万元，毛利率高达66%，在2011年的最后三个月，店铺位列淘宝网女装类目前10名。

但仔细端详这家店，着实有些默默无闻，没有满腹经验的操盘手，没有出其不意的推广策略，亦没有过目难忘的店铺腔调。20人的小团队，大部分都是客服打包等基层员工，却靠着短小精悍集中作战的一股新鲜劲儿，把净利润做到了10%。谁又能想到，店主只是一个自认很懒散的88后年轻人?

高定价+伪设计

在讲述店主小姚的淘宝历练史之前，先来看看这8000万元的销售业绩是怎么诞生的。

2011年8月底，一款帅气的带帽风衣发布，热销至9月底，售出1.7万件，定价288元，销售额近500万元。随后，这款风衣成功带热一款毛呢大衣，售出一万多件，继而引爆另外两件毛呢大衣，三款大衣的价格在300元左右，共带来1000多万元的销售额，到了数九寒冬的冬装热季，又有两款售价600元左右的羽绒服继续走俏，热卖数量均在一万件以上，总销量接近2000万元。

新的爆款热卖之余，店铺之前的功臣爆款也没有闲着，比如2011年秋天的首个爆款风衣截至目前，已经热卖26000件。而除了大热爆款，店铺里面还有数十个月均销量过百件的正常SKU，由此算来，加上2012年春节前后的消费热情，店铺突破8000万元确实不算难事。

以上，摆数据是为了讲道理，是想通过回顾事实来破解店铺的“爆”字诀。据小姚介绍，店铺内的营业额大部分来自于爆款，当季如果只有一个爆款，销售额占比40%；如果有两个爆款，则可以包办店铺60%的营收。初步诊断，小姚的店铺完全属于连带引爆的典型案例。

爆款制胜放眼淘宝在2011年实属平常，但小姚的打法略有不同。首先是定价，2011年秋季淘宝风衣类目最畅销的售卖价位是100～200元，但小姚家定价288元，问及定价原因，他的答案令人哑然失笑：为了保证直通车大额投放推广之后能有一定的利润率。不能做亏钱的买卖，这是最简单的生意法则，但相较于还陷于价格大战的很多卖家，小姚无疑做了一个正确的决定。

我们看到过很多走性价比路线的爆款店铺，款式流行，价格超低，对于大部分女性消费者而言，价格低是一条攻破内心防线的杀手锏，因为“大不了穿一次”。但小姚定价偏高，为什么还能单靠直通车推广杀出一条销量血路？这要归结于店铺主打的“原创设计”。仔细看一件爆款服

装的宝贝详情页，可以看到服装细节做工的对比图，而最重要的说服力莫过于：撞衫？没戏！

小姚坦诚，其实团队里并没有专门的设计师，但因为他女友做了多年服饰模特，也给很多其他网店拍过产品图，对服装的眼光很是刁钻，挑选畅销款的眼力不凡。选好款式之后，绝不直接仿版，而是会做二次修改，比如改用更实用的面料或者修改局部的设计细节，然后找工厂重新制作出样衣之后再下单，“可以称之为伪设计，但我们绝对不卖跟别家一模一样的产品”。

预售+只做旺季

2008 年年底就开始折腾网店的小姚，最开始也是一位四季青拿货卖家，每天小店 3～4 个包裹，销量不痛不痒。这种局面直到 2010 年 10 月才开始有所改善，也是从那时起，小姚发现自己和女友有发掘打造爆款的实力。他拿着两个款，到处在杭州找工厂，由于首单量只有 200 件（每款 100 件），被很多工厂拒绝做货。后来加到 3 个款，订单量增加至 300 件，才跟工厂谈妥，但后来只有一款卖完了，其他两款都是打折卖出去的。

相较于以前的个位数销量，第一批款式定制思路让他们看到了希望。接着他们开始试验第二批，单款起订量增大到 200 件，再到有爆款把握的直接下单 2000～3000 件。对于没有工厂的卖家而言，首批订单量是个技术活，一个产品能不能畅销，即便有经验的大卖家也未必有把握，小姚通过预售解决这个问题。在下单前，先把样衣挂在网店，根据每天下单量及预售期间的增长规律，结合工厂的出货周期，计算出首批下单数。比如：第一天预订出 100 单，此后每天以日均 100 件增加，预售期 15 天就是约 1500 件，工厂出货周期是 10 天，那么小姚从第五天就可以直接跟工厂下单 1500 件。

两年以来，店铺发力时间都是在秋冬季。小姚的解释是：2011 年初没有多少库存，春天是停滞的，夏天试做的几个款都没有做起来。有团队自身没有提前做好准备的原因，也是店铺一旦选款失误导致的必然结果。由于对春夏款式没把握，日均几十单的销量只能保证店铺营收平衡。小姚索性提前准备秋装，2011 年第一件卖爆的风衣就是夏季看好的，照片拍摄、店铺文案都做了较长时间的筹备，所以直通车辅助开通之后，转化率很高。

显然，目前小姚的做法不大利于店铺的健康发展，比如春夏装不上新或者频率太慢，非常影响老顾客的积累，对店铺想要获得持续稳定的流量也没有利处。但从目前来看比较适合小团队运作，因为对于他们而言，一个冬天的持续燃烧，会透支很多体力，他们根本无暇兼顾春装的选款和提前下单，而休养生息一段时间后，开始准备下一季的新品，可以做到不慌不忙。而依靠直通车的工具推送，还是可以靠间歇性的畅销赢得市场。

但就像我们一开始就明白的那样，这样的作战方式，适合需要短期快速积累资金的团队，如果像小姚自己说的“我对于店铺是有梦想的，并不想只赚钱”，那么无论是内功修炼，还是团队管理，他都还有好长的路要走。

快店养成记

定价高→保证店铺经营利润，胆子大→广告投放力度大，款式新→坚决不直接抄袭样衣，对款式进行优化修改，需要付出额外成本，避开同质竞争。眼光毒→选款有运气成分，更需要独到的眼光和累积的经验。

做货方式选择：最开始是自己采购面料找工厂下单，周期比较长，做预售不好控制，年前延迟发货很厉害。后来订单量比较大了选择包工包料，直接把样衣给工厂，后者包办从面料采购到制作出货的所有环节。走流水线的工厂制衣质量稳定，而且有专业的打版师、采购师。如果自己采购面料做货，因为跟工厂的合作不紧密，质检不严格导致的退换货率较高。而走包工包料形式，虽然成本上略高一点，但因为退货率大幅降低，所以综合成本相差不大。

适当保留库存：由于春节前后工厂的做货时间大幅缩减，一般的中小卖家并没有灵活的资金可以提前启动春装的备货方案。如能留着合理库存，可以过渡一下店铺销量。

第三章　造卖点，红海竞争巧突围

▲瞄准细分品类，把推广外包给服务商，生产中让工厂互相牵制，你也许不是凡客，但照样用轻体量冲出T恤的高销量。

▲男士护肤品市场，尽管尚未饱和，但线下线上品牌纷争已日渐白热化，如何从两面夹击中突出重围，杀出条血路?

▲用时尚试着牵引年轻茶客，半年来销售额增长了3倍。

▲网羽用品上线，在全网价格透明化的前提下，经销商该如何获取流量呢? 凡众的做法有两种：一是附加赠品，二是用定制款获得竞争优势。

▲互联网模式改造任何一个传统行业都有巨大的机会，这次这把火已经烧到了法律界。

T 恤的快销民族风

瞄准细分品类，把推广外包给服务商，生产中让工厂互相牵制，艾蓓怡用轻体量冲出了高销量。

吴文敏

T 恤是个每年都呈几何倍数增长的类目，美特斯邦威在 2009 年推出了 MTEE 系列后，平均每年的销售件数涨幅在 1.5 倍以上，可见这个市场的需求规模。无论线上或者线下，几乎每个服装品牌都有自己的 T 恤系列，如凡客 VT、优衣库 UT 等，淘宝市场上也有同样的情况。就这个家家都在做的红海市场，艾蓓怡却做到了一年踏入 5 皇冠的火箭般的销售速度。

专注 T 恤类细分市场

女装是淘宝第一大品类，一直都是竞争最激烈的类目，很多卖家在这个类目上九死一生。艾蓓怡从 2011 年 8 月份正式经营，当时同其他卖家一样在女装批发市场进货。而结果证明，从批发市场上拖回几袋货就能打造出一个“品牌”的时代已经一去不复返。

有了这次失败的起步，掌柜赵丽萍开始考虑供应链的起点，由于蓓怡所处的佛山是全国针织面料货源基地，更是全国最大的刺绣产地，于是她开始思考是否可以从刺绣印花T恤起步。

首先，T恤的设计生产较简单，对入门级店铺来说要求不高；其次，T恤这个大类目中，日韩欧美风格早已成为焦土，带有民族风的刺绣印花系列的竞争相对较少，虽然生产成本提高了，但是单价也更高，因此生存空间还比较宽。此外，目前淘宝市场上做刺绣T恤的品牌还不多，其中为人熟知的仅有裂帛，而这个几乎称得上淘宝第一民族风品牌走的是相对高端的路线，颇受小资、知性的那一类小众人群喜爱，因此民族风T恤在低端市场还有蓝海。

既然类目已经有了一个高端的先驱，作为后来者没有任何品牌文化上的优势，因此赵丽萍决心走中低端的跑量路线。到了2012年4月，店铺全面铺货刺绣印花T恤，这时候已经是旺季前期，最终刺绣印花T恤占据了店铺SKU的90%。

做凡客没有那么容易

做到了认清自己，意味着营销基础确定。在确定了市场定位的同时，赵丽萍很清楚自己的短板：不懂推广。而电商的规律就是，吃进广告费，产出销售额。这一个弱点无疑很致命。

♡跟服务商借力

这个短板，她的解答是外包。想来直通车无疑是店铺推广的最大头，因此通过朋友介绍，她将店铺的直通车推广外包给了一家TP，而自己只做基础服务。跟TP合作让服务商拿提点，每天推广费用控制在一万元左右，但效果却非常好，最终他们的直通车做到了CTR日均0.35%，点击

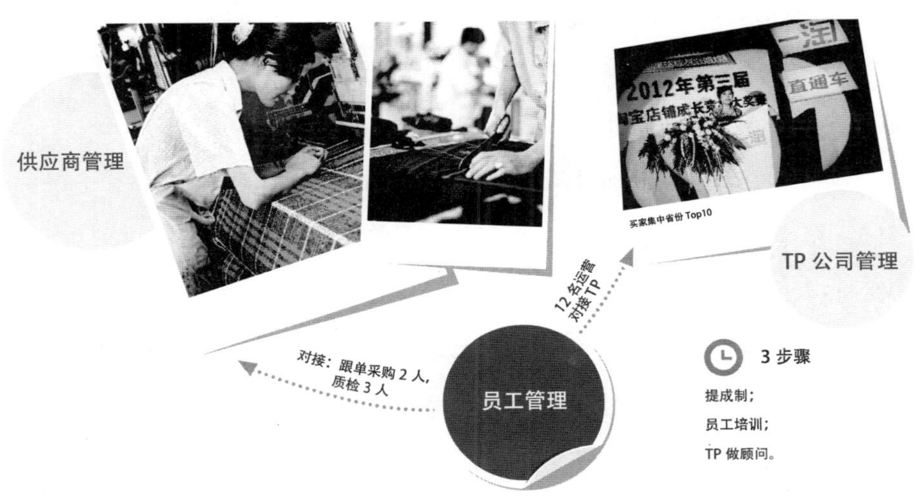

转化率高达日均 4.18%。从全面铺货的 4 月份起始算起，店铺打造出了 10 个千件爆款，3 个 30 天销量超过 5000 件的爆款。这个成绩，对于入门级的店铺来说，不失为一个高效的做法。不仅店铺快速冲到了 5 皇冠，而且省去了学习和碰钉子的时间。双方各取所需，在付费入口高效率的前提下比较融洽，但直通车是目前该店铺仅有的付费推广途径，因此依赖度和单一性也相当高。

艾蓓怡作为低价品牌，品牌内涵、号召力无疑较低，销量和规模是最大追求，后期想要规模化，特别是低价跑量、紧缩成本的电商企业，外包营销绝不是最高效的做法。另外，低利润空间对供应链反应速度要求很高，无法做到的话，就意味着死路一条。

♡下游监控上游

做低价跑量，凡客、PPG 可谓先驱。当初 PPG 倒下，很大原因在于产品质量关实在不堪，PPG 连质检都在外包。凡客就吸取了 PPG 的教训，虽然也走低价路线，但是采购、生产、入库的质检都是自己来抓。因此，这条路线，卖家想顺利走下去，不能不盯牢。

艾蓓怡在供应链监控上有所不同，它只抓最后一关。店铺和上游的制衣厂、染厂、织布厂签订协议，店铺下单后知会三家上家，然后自己仅对制衣厂负责，制衣厂对染厂负责，染厂对织布厂负责，织布厂对面料负责。这条路，店铺减轻了质检上必须付出的人力资源，目前仅有质检员工 3 人，负责最后对制衣厂采取 10% 出厂产品的质检。其中的环节，节省了人力支出，将部分压力转嫁给上游企业，上游企业为了达到交付目标，也必须对质检严格把关。可是，上游企业为什么要接受这样较为苛刻的协议呢？

目前，国内代工厂普遍利润低，出口单、内销单的结款一般都要半年或一年的时间。而店铺就切准这一需求，承诺与代工厂的结算方式为月结，以此交换次品率从 5% 提升到 1% 的条件，加上大环境下现阶段外销受阻、内销不畅，代工厂接受了这个要求。

此外，店铺也真的做到了上游企业共担压力，分享利益。佛山 98% 的中小厂家无预缩机，这使得布料需要存放 24 或 48 小时后裁剪，且布料可能回缩。而如果找设备齐全的大厂合作，这些工厂不愁订单，且它们很多欧美订单，做货时间一般要 3 个月，不符合网店快速反应的周期。因此，艾蓓怡赞助了制衣厂两台预缩机，工厂得到了更充足的订单，而店铺也节省了生产成本和快速生产时间。在友好合作的前提下，店铺的办公地点甚至放在了制衣厂，顺利的合作让店铺追单只需 3 天，从设计到拿货只需 20 天即可完成。

♡瘦身和扩张

低价品牌溢价低、毛利不高，必须加强成本控制，管理成本也须紧缩。目前，店铺共有 72 人，其中客服和仓库 34 人、设计师 6 人、运营 12 人、行政财务及股东 12 人、跟单采购和阿里巴巴 5 人、质检 3 人。运营主要把控 TP 的效率，设计师每个月产出 240 款设计，总人工支出约 20 万元，这个成本支出究竟是什么概念，不如一起来看看店铺的总支出。

一般来说，做一件普通 T 恤的成本大约在 20 元，加上刺绣的成本在 20 元左右，因此一件刺绣印花 T 恤成本约 40 元。目前店铺的主力商品单价在 65 元左右，其中的利润空间跟凡客差不多，在生产成本的 1.5 倍左右。考虑到这一个团队，创造了月均 300 万元的销售额，除去月推广费用 30 万元，减去不可避免的库存风险和人工支出，卖家到手的利润并不多。

在这个背景下要想提升盈利能力，扩充品类、走规模化是唯一选择。店铺有地理优势，目前已经开发出刺绣牛仔和针织衫。未来，需要树立品牌文化，需要冲击规模，在这个细分品类中以低价路线摸爬滚打，盈利压力将长伴长随。

突围护肤品“他时代”

男士护肤品市场，尽管尚未饱和，但线下线上品牌纷争已日渐白热化，而杰威尔却从两面夹击中，突出重围，杀出一条血路。

赵翚

曾经很长一段时间内，男性在中国庞大的护肤品市场里扮演着无足轻重、可有可无的角色。而从08年至今，男士护肤品市场呈爆发式增长。短短几年的时间，不仅碧欧泉、薇姿、碧柔、丁家宜等国内外知名品牌相继推出各自的男性护肤品以抢占先机，而且线上男士护肤品搜索指数显示，该类目商品需求正以每年90%以上的速度迅猛增长，因此被业界誉为“一座金矿”。

肥沃的市场，未开垦的处女地，无论是国际知名品牌还是天猫原创淘品牌，都想从中分一杯羹。而时值2011年下半年，在淘宝男士护肤品市场的竞争已经相当水深火热。一方面，线下妮维雅、高夫、曼秀雷敦等知名品牌凭借知名度优势迅速进入市场，占据着半壁江山；另一方面，在女士护肤市场做得风生水起的淘品牌也不甘示弱，开出男士护肤品生产线，紧追其后。若想在这两面夹击的市场竞争中突围成功，确实有点不可思议。而杰威尔，一个自创的男士护肤品牌，却从竞争激烈的男士护肤品市场突围成功。现在月销售额已过百万，且其洗面奶成为淘宝历史上第一支月销过万的男士护肤品。

怀柔术：先产品，再品牌

据不完全统计，男士对大众护肤品品牌的关注度超过七成。说明对于男生而言，他们更注重的是品牌效应。面对这样的消费需求，杰威尔作为一个全新的男士护肤品牌，若想打开这个市场从中分得一块蛋糕，并非易事。

那在线上如何打造自己的品牌呢？卖网货不同于线下销售渠道，线下可从卖场环境、销售员专业度等方面来抓品牌形象，而线上销售渠道并不具备这样的条件优势。想要品牌在消费者中站得住脚，就只能先从产品力入手，只有你的产品先被消费者认可了，再加上营销推广，品牌形象才能随之树立。准备做线上男士化妆品的杰威尔深谙这个道理，于是决定从产品入手来打造品牌。

男士护肤品市场虽然小众，但品类并不少。是面面俱到，每个品类都生产，还是专一个产品作为切入口呢？这让杰威尔犯了难。仔细分析男士护肤品下的每个品类，通过几组消费者关注度的数据分析，尽管男士护肤品品类囊括洗面奶、防晒霜、保湿水、面膜等，但从几个季度的数据来看，洗面奶一直是关注度最高的品类，且相比其他品类，洗面奶的关注度占据男士护肤品类目将近一半的份额。杰威尔发现了这片蓝海，抱着“得洗面奶者得天下”的豪情，他们决定以一款洗面奶作为叩开市场的敲门砖。

此时淘宝上做得好的男士洗面奶品牌已不在少数，像高夫、曼秀雷敦、妮维雅等这些专注做男士护肤的品牌，凭借近几年积累下来的品牌效应，早已牢牢锁定中高端消费人群。如果硬是挤破头跟他们抗衡很容易以卵击石，不自量力。相反那些大品牌不屑关注的中低端市场尚未饱和，从这点作为人群定位，突围市场似乎会更容易些。“关注男士护肤品市场中低端产品的，基本都是学生族和刚毕业初入社会的青年，他们是网购人群的主力军，但口袋里闲钱不多的他们，低价高品质的商品最能打动他们的心。”杰威尔创始人之一南星这样描述他的消费群体。

包装方面：采用日本著名包材，资深 4A 公司设计。
供应链：生产周期缩短，反应迅速，不押货款。
价格方面：极具性价比优势，新款试用，低价包邮。

瞄准了市场，定位清楚了人群，就得真正从产品设计上来别出心裁，出奇制胜了。一款男士洗面奶，定价29元包邮，对于消费者来说，已经相当便宜。如何让洗面奶看起来像个“舶来货”，杰威尔也是煞费苦心。为了保证品质，与韩国知名化妆品生产企业合作，而包装材料合作商则是日本著名化妆品包材企业，产品外包装的设计更是与行业资深4A公司合作。这样一来，杰威尔的产品“山寨”味儿没了，像个如假包换的一线国际品牌。所以后来不少消费者觉得杰威尔的形象更贴近“低调的奢华”。

疾风术：快供应链

选好了对的商品，摆上架销售，对卖家而言，商品卖不出去，会担心库存吃得紧，卖得太快，又怕供应链跟不上。所以供应链反应是否迅速也是取胜的一个关键因素。

以生产一款120g矿物泥磨砂洗面奶为例，所需材料有：软管、瓶盖、不干胶贴、铝箔。而工厂采购这些原料需要3天，膏体生产及检验又需要4天，再加上上线灌装3天，留仓检验需要3天，原本的生产周期需要13天。通过改变与工厂的合作模式，优化生产环节等流程，杰威尔硬是把商品生产周期缩短为8天。

这完全得益于杰威尔的“狠劲”。众所周知，小商家与代工厂合作，工厂方最关心的莫过于货款和账期。而杰威尔采用不押货款的形式，见货给钱，让工厂方心甘情愿乐于效力。但同时也对供应商提出了两点要求：一、供应商为其提前备货；二、工厂繁忙期，享有生产优先权。这样的合作模式，把原本从准备原材料到灌装的7天工期缩短为5天，从工厂端的可控环节上来缩短商品生产周期。

如此反应迅速的供应链，对杰威尔的成长发展无疑是一剂良方。不仅方便参加聚划算、淘金币等淘宝大流量的平台资源活动，也为打造爆款奠定了基础。既能满足商品日常销售，又避免了因活动销量保证不了商品储备的尴尬。

持续术：不打折，仅试用

杰威尔的洗面奶，120ml 卖 29 元包邮。而曼秀雷敦 150ml 的洗面奶卖 39.9 元，欢莱雅的卖 39 元，只有 100ml，极具性价比的优势，让杰威尔逐渐在同类产品中崭露头角，小有知名度。尽管如此，杰威尔并不盲目，依然我行我素，实行“不打折”政策。

即便每次推出新款，杰威尔抢占人气的方式依然是 6 元付邮试用。“只有给足了实惠，消费者才能记得住你。”南星如是说。6 元付邮试用，对任何一个卖家来说，无疑已经是赔本赚吆喝了。但杰威尔却不以为然，甚至还变本加厉。

每一次参加试用活动，杰威尔不仅所有外省的包裹采用圆通航空件，而且还额外附赠一片男士面膜，并且所有的试用新品均采用精包装。看似“疯狂”的举动，无论从快递速度，还是产品性价比，甚至是包装上，都让消费者无可挑剔。与其时不时地抬高价格、打点折扣，不如在前期打下品牌基础来得效果好。“男性购物特征不同于女性，诱人的折扣激不起他们的购买欲。”

通过付费试用成功积累的客户群为杰威尔后面推出新款祛痘洗面奶、保湿水等新品打下了扎实的基础。对杰威尔品牌已经认可的消费者们，不仅对产品有了依赖感，更产生了信任。而后杰威尔借势推出护肤套装，超高的静默转化率，足以说明杰威尔在男士护肤品市场突围成功。

Tips 七嘴八舌买家说

he860223

这款可以媲美欧美大牌了，很实惠，效果也不错，控油能力较好。

tb9206634_ 2011

5 分，就是太香了，像加了玫瑰精油。男士的要清爽一点点。

ztxixi

我觉得这一系列产品的最大优势就是实惠。以前买妮维雅的差不多一套，用了将近 300 元，所以感觉这玩意儿还是挺值得的。

茶农赶时尚

用时尚试着牵引年轻茶客，半年来销售额增长了3倍。

赵军

开门七件事："柴米油盐酱醋茶。"茶叶这个市场容量超千亿元的行业内，茶企正在跑马圈地。线下，天福茗茶2011年销售额近18亿元，大益茶业在2011年的销售额也在10亿元级；线上，2012年天猫很可能诞生第一家销售额过亿元的店铺。

由于茶叶的高利润、低物流成本等特点，非常适合线上经营。但是消费者除了能区分红茶、绿茶的色泽和味觉，铁观音、龙井名茶的招牌，大都没有区分同类茶的能力。地方茶的地域性是避免同质化竞争的因素，但对于花草茶来说却并非如此，花草茶完全是同质化竞争。就是这样的环境，每时佳旗舰店这个花草茶店铺却成功在线上突围，创造了创业第一年销售额超过200万元，半年销售额增长三倍的不错成绩。

给自己贴标签

在目前的淘宝市场上，有着艺福堂这样的茶叶百货商城，也有中闵宏泰铁观音旗舰店这样的名茶专卖店。花草茶这个子类目下，有着一万多家店铺，比较典型的如山野农夫已经在这个子类目树立起清新范儿。

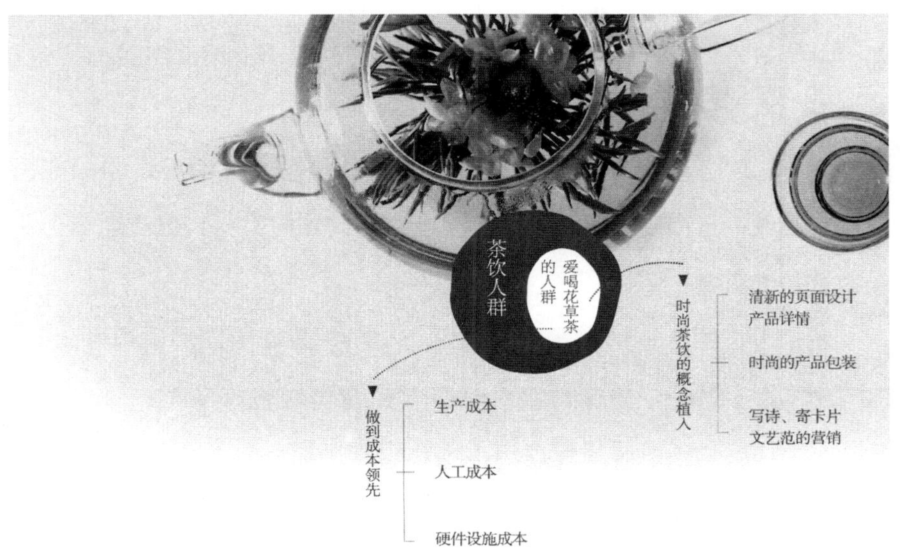

想在成熟类目开辟天地，新人怎么做？

有着超过 13 年传统广告业从业经历的丁雷，给出了符合自己从业经历的答案：文化包装。的确，面对受众宽泛且已经成熟的类目，若无法精准营销，不如自己主动下个定义去圈住顾客、迎合精准。

圈哪儿？根据市场调查，丁雷发现茶饮虽是老少皆宜的商品，但各年龄段、各阶层喜好不一样。淘宝市场的主体人群是 20～35 岁的年轻人，这个年龄层中很大一部分是喜好花草茶的白领，因此他想到以“时尚”概念来迎合这一购物主体，走一套“时尚茶”的创意牌。

新生代顾客爱分享、喜欢新鲜事物，他们追求时尚，因此这个概念完全符合其精神需求。对他们来说，喝茶不是为了牛饮，泡茶时的和谐美感很重要。

为了迎合顾客，掌柜在寄送茶叶时给顾客寄送了印有诗文的精致书签、杯垫或是杯套这样的小物，同时在印刷、设计上用清新明丽的色调来映衬，以期与茶的和谐趋于共融。

另外，广告圈十分重视的产品包装在此作用十分明显。非标准化，无知名品牌，且产品使用、口感等都无太大差异的类目，想让顾客记住，包装真的太重要！

掌柜买来类目前20卖家的包装进行分析，想在推广时做到引流款包装完全不同于其他。想来，追求时尚的顾客比较喜欢新奇、与众不同，环保意识比较强，因此掌柜选用了茶饮类目难得一见的密封罐推广，同时兼顾纸盒、小袋等一般包装，有的还用上精致的蝴蝶结，靓丽的进口密封袋，以满足各种需求。

就这样踩着“时尚”，披着新概念走进市场。核心是圈定顾客推送附加值，顾客买的是护肤品吗？错，是年轻和美丽；顾客买的是房子吗？错，是温馨和自由；顾客买的是花草茶吗？错，是时尚和个性！

成本两极化

卖“时尚茶”，在花草茶这个圈子里，与每时佳相似的卖家山野农夫没有这个定义，但它的清新化的视觉和包装也足够“时尚”；胡公子走文艺主题，店内也卖着点心、壶具这样的大众产品。因此，光有概念是不行的，直面竞争，还有一条路：成本领先。

为了降低成本，掌柜将店铺和仓库分离，撤离写字楼，入驻校园，为的是获取学生兼职这种廉价劳动力，房租、办公用品硬件成本也随之大大减少；直接从桐乡、台湾获取原材料，进厂加工，节省了生产成本；将仓库依靠郊区工厂而建，很多时候直接从工厂发货，节省了运输成本、仓储成本。

伴随成本领先的追求是一些风险。2012 年 3 月份店铺上聚划算，而郊区快递拣货能力很差，造成店铺的 DSR 评分直接飙绿，至今发货速度这一评分也没有回到原先水平。就这样，卖家一头竭力地减少着不必需的成本，另一头为提高产品竞争力增加成本。

有一次产品包装印刷滑线，掌柜咬牙放弃了那批包装，损失近 10 万元。这么做是因为茶叶是个标准缺失、企业和品牌都很弱的类目，因此产品细节反映着食品的安全、健康，如果想走一条比较高端的路，坚持细节上领先是必须做到的。

另一方面，这些顾客有着自己的消费态度，他们对质量和体验的要求较高，其他店铺卖 20 元 60 克的菊花茶，在质量和体验优秀的前提下，如果自己卖 20 元 40 克，顾客是愿意接受的。这反映了掌柜对店铺受众和自身定位的理解，而这样的认识，并不是一蹴而就的。

起初，掌柜认为店铺受众都是时尚人群，因此曾精心开发一套礼品茶。精选了一批玫瑰花茶，用上日本进口的包装袋、包装盒、滤网，请来一位诗人写了百余首小诗做了一套精致的书签作为礼物。整套下来产品的包装精致有加，让许多购买者赞叹不已。

然而，营销效果却不好。总结起来，从线下“对比营销”角度来看，这种失败是有道理的。如果一味为了追求概念而不计成本，将会失去对比性，继而失去在主体受众中的竞争力。

从理想跌回现实，掌柜顿悟：多走半步，只在部分细节上赶超。正是这个转向，让店铺转化率从比较低的5%，走到了如今13%的健康线以上。

文化吆喝给谁听

虽然掌柜是传统广告业出身，但他却更加注重产品而非营销。掌柜因为自己见过很多品牌的成长和倒下，总结出“产品决定生死”的经验。反映在经营上，掌柜显得营销手段缺乏，日常除了直通车这一付费推广方式，在引流方式上并无其他新意，这很危险。

想成为产品驱动型店铺，不得不面对一个残酷的现实：便宜的花草茶是产品进入门槛低、且又易于复制的类目。面对恶意抄袭和低价竞争，店铺的抵抗力还比较弱，只能寄望于品牌影响力最终形成。而维系这一目标的营销策略却并不明确，造成目前店铺仅能依靠着顾客自发的回头率来提升转化率。

至于是做另一个艺福堂，还是做另辟蹊径的胡公子，丁掌柜有自己的选择：永远小而美，只卖花草茶。虽然这能达到尽量垂直，减少顾客思考的时间，但由于所在类目的不确定性，目前的成本领先优势只能摆脱掉小店铺，面对大店时其优势将戛然而止。

茶饮类目是一个靠茶文化维系的类目，虽然丁雷希望以时尚概念结合成本领先的手段来生存，但事实是这一概念的推送并不简单。如果说胡公子在推送各种主题，那他就只推一种主题。文化传达的前提是，顾客有需求、有认可才会执行，因此他在打文化牌时所需付出的成本，必然比有着个人品牌号召力的胡公子大很多。文化是茶的标配没错，但在打造文化品牌这条路上，它的声音还很弱。

运动品牌经销商上线

聚集多个品牌资源上线，谁掌握的代理权多，谁的产品就齐全，给消费者的选择空间就多，这就是经销商的优势所在。

王晶菁

在全民健身年代，总有那么几项体育项目受到市民的热衷，比如说羽毛球、网球、乒乓球等。这些运动对场地的限制小，又不受季节影响，比较好上手，在体育馆或各大商场也总能看到网羽类器材的专卖店。

这样的市场潜力在网上同样存在。天猫类目小二介绍，截至 2012 年 7 月羽拍类的销售额已经突破 2 亿元，上半年网羽类目的销售额同比增加 144.2%。得益于这股销售热潮，天猫网羽专营店凡众运动的销售额在近几个月节节攀高，5 月 70 万元、6 月 98 万元，到了 7 月更是高达 118 万元的销量。这样的增长速度除有赖于大盘上涨外，其自身也有一定的天然优势。

多品牌战略

相较于其他运动类目，网羽类的准入门槛较高，消费者对品牌有一定的认知度，在选购时只会关注尤尼克斯、李宁、凯胜、威克多等知名品牌，很少会对自主品牌感兴趣。因此，在传统渠道，网羽产品的销售形式一般分为两种，商场运动专柜或经销商开的专卖店。而这两种形式都是主打品牌的旗号。

但在线上，却是另一番景象。品牌商至多在网购平台开设一家旗舰店，因其主要业务重心还是在线下。此外，它还有众多经销商会助其在线上销售产品。此时经销商销售形式也不会是开设品牌专卖店，而是专营店（天猫有相关申请规则），一家店内可以销售多个网羽品牌的产品。这也是经销商的优势所在，谁掌握的品牌代理权多，谁的产品就齐全，可供消费者选择的空间就多。凡众所掌握的就是这部分品牌经销权的资源。

选款有方

在选款上分两种类型，一是对于有针对性的购买客户，要以价格优势和赠品力度来体现；二是对于没有特定需求的客户，要推送性价比高的产品，售价在 99～130 元之间的比较受欢迎。

货源优势

网羽类产品每半年订货一次，比较考验商家的货品预估能力，凡众运动线上线下共享进货资源，因而在产品调配上比较灵活。

一线人员查漏补缺

凡众在客服管理上下了比较大的工夫，每位客服都要去实体店当店员半个月才能上岗。此外，客服在日常工作中要及时发现问题，收集顾客的意见，做出改进。

凡众的背后是在线下有着10多年网羽品牌代理经营经验的腾飞网羽公司，在杭州、宁波、南京等地有40多家网羽品牌专卖店或专柜。拥有李宁、凯胜、尤尼克斯、王子等多个羽毛球、网球、乒乓球类品牌的代理权，其中最具优势的是李宁羽毛球浙江省的总代理权，兼营全省李宁各门店的批发业务。

当其选择上线时，并不急于将自己全部的业务都搬到网上，而是有针对性地先选择了以羽毛球为主打的网羽类产品，毕竟国内羽毛球爱好者比网球类多，而其自身优势也是以李宁、尤尼克斯为主的羽毛球类产品。此外，线上专营店的形式与线下品牌专卖店给消费者的印象不同，并不会跟原有的客户群体造成冲突。因为，线下消费者认知的是李宁、尤尼克斯等品牌专卖店，而线上是“凡众运动专营店”，两者所展示的形象不同，互不干涉，可灵活定价或选择促销活动。在理清作战方案后，腾飞网羽于2011年成立了一家分公司，即凡众运动，单独运作线上渠道，客服、运营、美工等都重新招募另组团队，但与线下渠道共享货源和仓储资源。

全网限价怎么玩

但是做品牌经销商也有一大弊端，就是所有商品销售价格都是品牌商说了算。为了防止经销商打价格战，品牌商会给出一个全网最低价，只要经销商的价格不低于此，那么随便怎么玩。因此，在全网价格透明化的前提下，经销商该如何获取流量呢？凡众的做法有两种：一是附加赠品，二是用定制款获得竞争优势。

很多卖家都会选择附赠小礼品的形式来招揽客户。网羽类产品的关联性比较强，买了球拍会需要球拍线或羽毛球，还有器具包等。因此，凡众就投消费者之所好，将羽毛球、球拍线等作为赠品送给消费者。作为品牌商的大客户，凡众能获取较多的羽毛球试用装，或是活动赠品等，因为代理的商品多了，自然获得的赠品也就多了。

此外，凡众也将赠品作为品牌推广的形式，将自有品牌吉瑞的产品推广出去。经销网羽品牌多年，凡众摸清了网羽产品的生产供应链，建立了自有品牌。但受制于消费者对知名品牌的依赖，自有品牌很难推广，除非一些对品牌信得过的老客户。于是，凡众就利用推广赠品的机会，让新客户试用吉瑞的羽毛球等产品，不少客户用后觉得不错，下次再来购买就会选择吉瑞的产品，因为相较于大品牌，其性价比更高。质量做工相当的一个羽毛球拍，尤尼克斯售价800元，吉瑞只需300元。且相较于赚取品牌代理的差价，自有品牌的利润更好掌控。

品牌定制款也能获取相对的竞争优势。为平衡各经销商在全网限价上的缺失，品牌商会提供部分定制款商品供经销商选择，即只有该经销商有销售权的产品，定价也相对灵活，获取的利润空间更高。品牌商会给经销商三款同类产品做选择，选出适合自身定位的产品作为定制款，目前，凡众已有李宁羽毛球、球拍的定制款。店内一双排名全网羽毛球鞋搜索类目第一的产品就是威克多的定制款，仅凡众独家销售。

单品制胜

运动类产品有较强的关联性，用户在买了球拍之后会买球，以及箱包、运动鞋、服装等。在获取店铺流量时，凡众采取的是单品引流，关联销售的方式。

单品推广首先是选款，分两种类型，一是对于有针对性的购买客户，他们有明确的需求，那么就要以价格优势和赠品力度来体现；二是对于没有特定需求的客户，就要推送性价比高的产品，如售价在99～130元之间的是消费者比较能接受的价格。

现在店铺90%的流量来源于宝贝详情页，10%来源是首页。因此，店铺也十分注重详情页的设置。作为运动类产品，最重要的就是突出产品的卖点。以球拍为例，其卖点就由两部分组成：一、科技点，选用的材质是纳米材质的还是碳纤维，在接口和拍杆上的工艺，如何使球拍使用时的阻力小；二、设计点，球拍颜色是什么色系，适合何种人群，如粉色的适合女性，制作工艺上是属于防守型还是进攻型等。这些都有助于客户选购产品。

随着网购时代的来临，抢占线上市场，拓展线上渠道是必然，继传统企业、品牌商家之后，经销商上线也是一大趋势。相比企业和品牌，他们的优势是手上获取了大量的品牌资源，又懂得渠道的拓展，唯一不足的就是要摸清线上的玩法，但是零售的本质又是相同的，所以“买赠”这种在传统零售市场常见的促销手段，他们信手拈来。经销商换个姿态上线，更多的是脱下了专卖店的壳，披上了渠道品牌的新衣。

律师也能白菜价

互联网模式改造任何一个传统行业都有巨大的机会，这次这把火已经烧到了法律界。

颜思思

永远的西装革履，出入高级写字楼，随手递上名片，微笑中带着一种高傲的气息，轻描淡写地说一句：“我的收费是每小时 800 ~ 1500 美元。”这不仅是好莱坞塑造的律师形象，也是我们提及“律师”时最自然浮现的印象：一个字——贵。《华盛顿时报》就曾报道过在纽约、旧金山和华盛顿等大城市，法学院毕业生在律师事务所的平均起薪高达 12 万到 14 万美元。把镜头切回国内，虽然律师的报价尚未贵到如美国般离谱，几万元到数十万元不等的律师服务费用，也产生了高高在上的距离感，

在这样的环境下，低廉的价格自然是一种无法让人拒绝的诱惑。“让法律服务不再昂贵”，扛着这面大旗，易法务在 2012 年 4 月正式上线。都说用互联网模式改造任何一个传统行业都有巨大的机会，看来这次这把火已经烧到了法律界。

彼岸的大明星

简单来说，这是一家提供在线法律服务的网站，不过，不同于其他

相似类型的网站，它并不是定位于在线法律问题解答的咨询类服务，而是为中小微企业和个人提供法律文档服务，比如遗嘱、商业合同和产权问题等。

相比直接去律师事务所委托律师而言，这家网站提供了更加简单、智能化以及廉价的方案。用户在网站上，通过一步一步回答问题的方式将自己的需求描述清楚，然后得到自己所需要的法律文书。比如，某用户需要一份买卖合同，那么它可以登陆网站，直接选择创建合同，选择“买卖合同”然后一个接一个地回答问题，最后得到一份合乎规范的合同文件。

从收费价格来看，易法务提供的服务只有传统律师事务所的30%～60%，而且还提供免费法律服务，例如在线合同存储、在线生成法律合同，且这些合同涵盖了企业法务、商务合同、劳动人事等常见的合同文书。而其收费服务以每月 49 元、99 元、169 元的套餐形式为主，提供不同的增值服务。

除了价格的吸引力，速度同样是颠覆传统模式的有力武器。在这个只争朝夕的时代，人们变得越来越不愿意等待，预约律师，发现他们不是在上庭，就是在去上庭的路上，等待他们的时间安排已经把大多数人的耐心磨去了。通过直接在线自动生成所需的法律文本，立即下载，整个过程也许不必超过 5 分钟，为何不尝试一番？即便相对更复杂的法律文本审核服务，两个工作日内便能收到回复，如果对时间有要求，还可以提供有偿的加急服务。

可以说，“费用低廉”、“人人可用”、“快速”、“商品化运作律师业务”是这个商业模式的关键词。当然，易法务并不是这个新模式的首创者。在美国，这种模式已经诞生了将近十年。5 月初，一条提交 IPO 申请的消息让大洋彼岸的 Legal Zoom 频频曝光在闪光灯下，路透社、《福布斯》、《商业周刊》等传统媒体不惜笔墨地纷纷关注起这种在线法律服务模式。

从这家彼岸大明星提交的申请文件中，多少可以嗅出这种模式的商业“钱”景。创建于 2001 年的 Legal Zoom 服务过的客户超过 200 万家，2011 年网站收到了 49 万个订单，并且该公司的收入在近几年一直稳步增长：2009 年收入 1.03 亿美元，2010 年 1.21 亿美元，2011 年增长到 1.56 亿美元。此次提出 IPO 申请，计划融资 1.2 亿美元，事实上他们过去已融资超过 1 亿美元，仅 2011 年的融资额就达到 6600 万美元。

骨感的现实

即便这种模式在美利坚已经证明了它的生存能力，但移植到国内尚属于初始阶段，即便未来看似丰满十足，现实却难掩骨感之态。从 2012 年 4 月上线至今，近 3 个月的时间内，易法务的注册用户还不足 1000 人，付费用户就更少了。

先来看一下网站的盈利模式，主要有两部分，分别是卖产品和收取服务费。现阶段，网站的产品比较单一，仍在完善过程中。根据用户需求自动生成的智能合同已经上线，而类似 360 电脑安全自查的在线法律体检产品仍未上线。这两款产品不需要人工服务，边际成本基本为零，且由此产生的收益完全归于网站。而服务费方面包括合同审查以及风险提示，这部分属于人工服务，可以简单地理解为将用户这方面的服务需求通过网络众包给全国各地的律师，网站只收取小份额提成。例如合同审查，资深律师获得60%的提成，40%归于网站，而更加个性化的法律服务，律师可以拿到80%的提成。从长远发展来看，边际成本基本为零的线上产品，利润空间极大，而未来是悲是喜终究要看能达到怎样的规模效应。

虽然，网站锁定的顾客群为中小微企业以及希望获得风险管理服务的个人，但目前网站最大的使用群是律师以及各大律所。他们把这个网站更多的作为工作平台。法律文书、申请商标、创建公司以及订立租赁合同这些非诉讼类业务相对来说比较低端，属于重复劳动，通过易法务这个网站可以将这部分工作过滤掉，提高律师们的工作效率。

另一类用户群则是希望为自己的客户提供增值服务的金融以及商业地产公司。他们以近于三折的传统法律服务市场价格购买网站的套餐服务，再向他们的客户免费提供易法务的智能合同、电子档案存储等服务来增加客户粘度。

前路的磐石

伴随着中国经济的发展，个体参与了越来越多诸如参股入股、婚前财产协议等经济活动，与此同时，商业摩擦也随之增多。加多宝与广药商标之争、苹果与唯冠的纠葛、娃哈哈与达能的恩怨情仇、投资人与企业的分分合合等商业纠纷让大众看在眼里，记在心里。如何保护商标？如何避免被踢出一手创立起来的企业？如何让股权清晰……这些困惑让商家开始寻求法律途径来保护自身的权益。

带着改造传统法律服务领域的期望和力量，摆在易法务面前的自然是一条宽广的道路，然而，前路虽广阔却乱石挡道，颠簸而行不可避免。

从整体来看，易法务生存的环境并不成熟。这个模式按下了快进键，事实上，不同于 Legal Zoom 赖以生存的土壤，国人的法律意识非常薄弱。在美国，虽说常年请律师做顾问的也仅限大公司和政府机构，小公司和个人未必跟律师或律师事务所有固定的联系，但凡是遇上跟法律沾点边的事儿，通常都会请律师。普通人离婚、签合同、甚至买房、税收，样样离不了律师，而在国内缺少这样的基因，对律师的需求绝大多数是诉讼业务以及相对高端的非诉讼业务，例如企业上市，缺乏低端的非诉讼业务。因此，短期内市场需求并没有想象中那么庞大。

除此之外，让这家网站头疼的是互联网的特性是灵活、快速、开放共享，而在传统领域浸淫多年的律师多数具有严谨、框架化、保守化的思维逻辑，两者的融合在初期总是伴随着水土不服的痛苦。如何将两者完美地融合起来，是易法务不得不攻克的首要难题，其他例如网络信息安全与用户隐私的保护同样是挡在它面前的重大障碍。

Tips 商业模式：

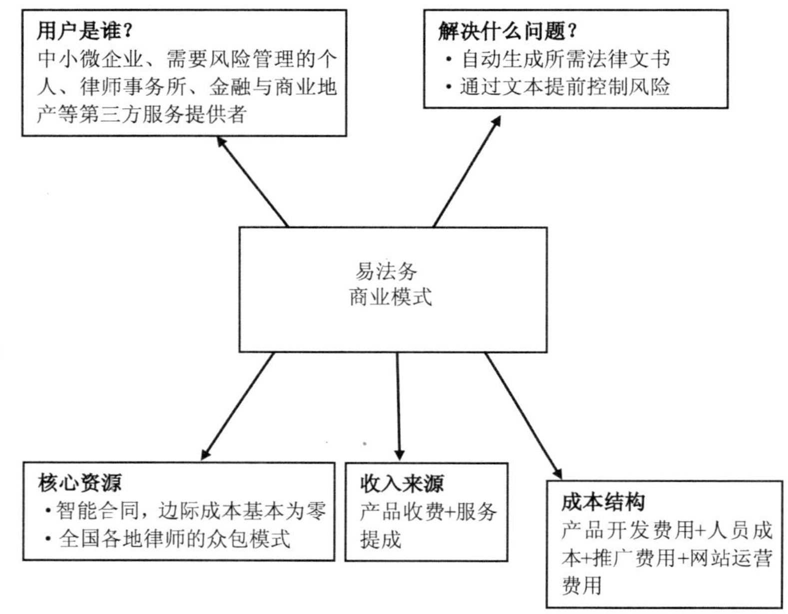
用户是谁？
中小微企业、需要风险管理的个人、律师事务所、金融与商业地产等第三方服务提供者
解决什么问题？
• 自动生成所需法律文书
• 通过文本提前控制风险
易法务
商业模式
核心资源
• 智能合同，边际成本基本为零
• 全国各地律师的众包模式
收入来源
产品收费+服务提成
成本结构
产品开发费用+人员成本+推广费用+网站运营费用

第四章　高客单，教你卖出溢价力

▲细分市场的小潮牌，在品牌建设与低价促销之间徘徊良久后，找到了属于自己的康庄大道。

▲这家卖女装的真奇怪！又不是品牌，为什么卖得这么贵？完全不做推广，为什么也有这么健康稳定的流量？

▲如果把 2009 年作为一个界限，这一年女鞋卖家大多有九死一生的感觉，乐见的是有成功案例。

▲高毛利低净利，加之消费者对真正的“品牌”极为渴望，那么是否意味着即便在线上，家纺的势力图亦无法被改写？

女装小潮牌的长征

细分市场的小潮牌，在品牌建设与低价促销之间徘徊良久后，找到了属于自己的康庄大道。

刘辉

inturn，来自于传统渠道，从2010年入驻天猫时的寂寂无声，到最近通过一战成名竞选成为“淘品牌”。他们有过低价铺路的“左倾”思想，但最终走上了坚持品牌的康庄大道。

坚持品牌才有溢价

intum的淘宝品牌之路更像是摸着石头过河，期间险些跌倒，差点就淹没在了低价卖货的洪流中。作为新生品牌，为了迅速扩大销售份额，站稳脚跟，初入淘宝的新兵首先选择了并不擅长的价格战。本以为前期靠销售铺货，通过折扣与低价的方式打开市场，后期再建立品牌的方式是一条康庄大道，然而事与愿违，他们的如意算盘打错了。虽说前期有了销量，卫衣的销售额也是抢到了类目前三，但却一直以损耗作为代价。作为品牌正规军，却要与品质、制作成本都要低于自身的游击队打价格战，无奈之下80元的成本，还要被迫79元销售。这样杀敌一千自损八百的战略，是没有元气继续战斗的。以己之短攻彼之长，其结果也是不言自明。

客户的忠诚度、黏性不高，大打价格战已让自己伤痕累累，依靠低价吸引消费者的方式看来难以维系。坚持品牌，不依赖折扣生存，才有溢价的能力。2011 年 9 月，团队聚在一起召开了自己的“遵义会议”，修正了之前铺货打价格战的“左倾”错误，在经历了一次彻底洗牌之后，他们将目标明确并开始走品牌溢价的路线。

在转型之后，效益开始逐渐显现。先前折扣产品售卖很多，正价占的比例少，现今新品售卖情况涨幅不错，原本正价产品上新只能销售个 5～6 件，现在新品上新，也能卖到 40 件以上。

在 10 月份的某场聚划算专场上，他们坚持的成果有所体现。当日的销售额达到了 172 万元。三个款式卖出大约 12000 件，其中某款卫衣售价是 149 元，如果按照之前卖货铺路的方式，和市场持平的话，可能需要售价为 80 多元。但是最终的坚持让自己尝到了品牌溢价的甜头。

顾客对品牌的意识增强了，他们会觉得在这个店铺买的衣服是具有价值感的，不会找相同的产品去比价，因为顾客信任店铺的价值及其所创造的品牌附加值。

小潮牌也做细分市场

爱吃辣的人喜欢去川菜馆，爱吃小吃可以去广味餐厅，菜系如此，衣类也是如此。风格鲜明，充满童趣，简单快乐的小潮牌定位对象是 18～28 岁的女性消费者。

点进店铺，会看见有一些动物造型、色彩拼接、卡通人物风格的款

式，这些款式都由品牌文化延伸而来。据介绍，这类款式的定位属于18～23岁的女孩，但也许是鉴于这个年龄段女孩大多都还在校读书，并没有太多的购买能力，团队近期在设计风格上，又原创了“尖端潮风”。它结合了国际潮流元素和自身的品牌风格，将顾客群的年龄段拉高了5岁。24～28岁的女性已经开始走上社会，并且拥有一定的消费水平，追求时尚与快乐的她们似乎也很钟情于这样的小潮牌风格。

在拥有风格鲜明的款式背后，是一个多达16人的设计师团队，他们年龄大多是30岁以下，设计理念就是潮、快乐、时尚，追求令人玩儿味的创意。

这个设计团队可谓高产，每年都会设计出大约800余款风格各异，符合品牌定位的款型，最终下量生产的有480款之多。在团队中还有这么一组人，相当于买手的职业，他们每年在各地秀场收集时尚素材，作为资料分析给设计师参考。而在每一季度的订货会上，设计团队都会根据市场的需要及成本确定想要做的款式，最后下单下量生产。一些不好的款式在前期就会被直接 PASS。因为款式众多，所以很多新品都是限量款，又因为是原创，消费者如果不及时下手，就没有机会再购买，这样的饥渴营销方式也为新品上架不打折奠定了一定的基础。

依托产品细分，更易于确立品牌的市场位置。定位明确的时尚小潮牌，加上拥有年产 800 款的设计团队，他们在自己的品牌之路上，已是越走越稳健。

有灵魂的促销活动

网购的市场份额在不断扩张，但网购的品牌往往缺少灵魂性。inturn 的吉祥物就是优米和库巴卡，他们崇尚快乐与纯真，所以店铺的活动风格也是由此衍生而来。

新年伊始，inturn 策划了关于优米和库巴卡的店铺折扣活动，通过漫画故事的叙述形式，在“将计就计”、“空城计”、“诱敌深入”三个篇章中对数十款宝贝进行了折扣销售，取得了一定的销量，不仅流量上去了，品牌的形象也是深入人心。虽说这也是一种打折的形式，但却没有之前低价销售卖货的尴尬，所有活动款定价倍率基本都是 2. 5，有 20% 的款能到 3 倍以上。

活动的售罄率很高，而且这让大多数的顾客忽略了直接打折的概念。在看到活动的成果之后，公司决定将漫画活动贯穿全年，每隔半个月故事就会更新一次。创意部提前一个月做出策划案，公司所有的人，包括设计师，一起来对主题进行修改，随后加入当下流行或是主推的宝贝，一个充满欢乐童趣的活动就制作完成。除此之外，公司还设计制作了自己的杂志，用来介绍符合品牌的设计及旅游地点。

之前都是依靠低价卖货形式占据流量，而现在的旗舰店，流量来源于多渠道的推广。除了自身的活动之外，淘宝官方诸如淘画报、淘金币、VIP 频道、新品试用合作等等，也是店铺常用的方式。

品牌形象好了，原先低于行业水平的回购率以及流量也都得以提升。之前的转化率是 0.5%，现在基本上是 1.3%；顾客回头率之前是 18%，目前也已达到 38% 以上。

小潮牌成长之路

2010 年 3 月 inturn 诞生	2010 年 7 月 天猫安了家	2010 年 11 月单天热身比赛得了 150 万元的成绩	2011 年 3 月 卫衣品类前 3 名	2011 年 10 月单天热身比赛得了 180 万元的成绩

促销与品牌亦可兼得

在淘宝上，既要做销售额，又要做不打折的品牌，其实很难。在天猫中成长一年多的新兵，从一个依靠折扣促销生存，只会一味打价格战的新生品牌，到如今已逐渐开始掌握自己的溢价能力，活动促销的策略也是日趋成熟。inturn 依靠品牌吉祥物开展的活动手段既保全了品牌形象，又保证了销售额。如今新品上架除了第一天八折包邮销售外，随后都是正价销售，有时还会根据售卖情况涨价，加上 38% 的回头率，小潮牌的万里长征已经迈出了第一步。

原创“伪”设计，跑赢旺季

又不是品牌，为什么能卖得这么贵？完全不做推广，为什么也有这么健康稳定的流量？

吴慧敏

不是每一家店都有百转千回的曲折历程和致命杀招，虽然我们总是盼望听故事。比如这家叫魔猫糖的2皇冠店铺，风格乍一看很甜美，价格再一看确实挺高。在行业大佬纷纷叨念着平台红利期已经结束、经营成本一片高涨的2011年，这家店没有出现在直通车、钻展或者其他任何一个推广页面，而是完全靠自然搜索做到了近2000万元的年销售额。更何况，店铺的冬装客单价在1500元以上，夏装客单价在300元以上。秘诀呢？

在2009年之前，店主小苏将12年的青春岁月奉献给了连锁美发行业。2010年，完全不懂淘宝为何物、甚至不会用电脑的电商门外汉小苏，也在周围人的带动下成了淘宝买家。他挑来挑去，虽然网店是便捷的，但总觉得缺少喜欢的衣服。简单说：价格可以昂贵，但品质感一定要有保证，而且尽量不要是满大街都能看到的款式。可是对于满屏活动畅销款的淘宝，要找到这样的商家还真是费力。所以每当有人问及当初开网店的诱因，小苏总喜欢文绉绉地说：感受到了一种趋势。

从线下到线上

我们当然不怀疑小苏的商业直觉，但在刚开店那会，小苏可是疲乏之至。首先是对网店一窍不通，他说自己其实很好学，挨个问朋友学经验，跟别人煲电话粥取经。“别人分享的都是干货，但我当时是零基础，这就相当于一个大学教授在给幼儿园小朋友上课，效果可想而知。”听课没用，自己摸索。线下开店和网店实在不一样，线下拿货一个款式就拿几件，线上怎么着也需要几十件。小苏回忆了一件趣事，当时有件衣服他觉得很不错，想在网店重点打造，花了5000元专门请了一个模特拍摄，结果在模特拍摄过程中，实体店已经把这款衣服卖脱销了。

虽然简陋，但当时线上线下两条腿走路暴露出的问题其实在于库存对接混乱，导致网店偶尔有单也会因为没货跑掉。痛定思痛，小苏把原因归结于货源不充足，随后他做了一个不太艰难的决定：搬迁至货源地杭州。

彼时，已经是2010年深秋，他的网店尚无起色。

爆款决定定位

搬到杭州后，小苏干脆在四季青租了一个档口。货源虽然略微放心了，但销量依旧是个难题。直到一张iphone自拍图解决了这个困境。

小苏的太太是个美人胚子，有天对镜贴花黄顺便自拍一张，放到对应款衣服的宝贝详情页，竟然使得店铺第一件爆款诞生。那是一件售价1800元的狐狸毛呢大衣，销售额直接从零增到了每天几万块，整个冬天竟然卖出了近千件。一张图片引发的爆款，听起来很噱头，如果要深究背后的原因，其实有迹可循。这要结合整个店铺营造的氛围，首先，小苏在店铺上挂出了四季青档口的线下地址，强调外贸原单货，这很大程度增加了消费者的信任感。其次，这件真正的皮草大衣，小苏的加价幅度只有20%，相对而言算是性价比很高，加上气质老板娘的真实演绎，逐渐累积销量并不算十分出乎意料。“当时店铺信誉一个钻多点，同样的衣服，我们比很多皇冠店卖得好，一个月能卖100多万元。”小苏的这段话也间接说明了淘宝资深买家的特点：她们识货，但不看重店铺信誉等级。她们注重性价比，但是建立在十分了解产品成本价的基础上。

就这样，首开纪录之后，几乎每款产品总能保持几十件到上百件的销量。小苏补充：这就印证了一句话，爆款决定了店铺的定位。一个健康的爆款是必要的，尤其在现有以产品导购为主的淘宝平台上，但爆款定价一定要符合店铺的主流价位。打个比方，如果一家店铺的主流产品在300~500元，做150元的爆款就很伤害消费群。但换个角度说，定价很高的产品都能爆，证明店铺已经享有了很高的议价权。所以当小苏能把1800元的衣服都卖出去，之后的600多元的风衣、300多元的雪纺裙，自然卖得动，这是由他的客户属性决定的。

从第一件高价产品的热卖决定了来魔猫糖的买家并非价格敏感人群，如果要给她们一个定位，应该是有钱有闲。眼下店铺的夏装以蕾丝雪纺居多，基本都属于街拍款。截至2012年2月，在小苏家累计购买金额达到十万元以上的买家超过十人，累计超过万元的买家接近百人，买家的二次回购率50%左右。对于这群人而言，能留住她们的只有持续靠谱的产品。那么，小苏如何满足这群对价格不介意，但对质量很挑剔的人群？

做高端，避免货源狭路相逢

说回产品。刚到杭州时小苏人生地不熟，货源还是需要不停地找工厂。从我们看到的大部分进货故事中，工厂总是需要一个网店新手难以满足的起订量，但小苏并不会受困于这个问题，因为他选的产品不是大众热卖款，而是价格更高端、线下内销都未必卖得动的产品。因为太贵不好卖，工厂的起订量自然也愿意打个折扣。当然，这其中也有技巧，网店的销量毕竟有限，很难跟外贸原单的品牌商直接对话，所以小苏一般接洽的是可以跟品牌商对接的外贸公司或者OEM工厂，看中的款式下单的时候增一些数量，这样就可以拿到一手的货源。

这在店铺销量不特别稳定、且对款式不那么看重的初期是可行的，但为了更好地掌握供应链的主动权，小苏必须找到自己能掌控的、对质量比较严控的工厂。所谓质量，说白了主要是面料、辅料、做工，但由于市场上充斥的是用料一般的跑量货，他也多少吃了一些亏。曾有一批价值十几万元的货，卖给消费者后质量被投诉，他全额退款。这些花钱买来的教训最终帮他找到了 3 家值得长期合作的工厂，都有出口制造业经验，其中一个规模很小，只有 10 ~ 20 人，一个月出货量几千件，但贵在灵活。从样衣打板、原料采购到制衣等环节全部自己可控，对于一家不靠单品爆款、而是每款均衡走量的店铺来说很必要。

目前店铺的选款主要靠小苏的太太，这种自己把握产品风格而由工厂负责实现的案例并不少见。优劣点亦很明显，优点是带着强烈的个人审美，重复度不高，缺点则在于风格缺乏主题统一性，而且有的款式实现起来颇有难度。小苏就遇到过很多次，脑海中有很明确的衣服款式细节，但如果辅料采购齐备到制作出来，需要 70 ~ 80 天，延误最佳销售周期是必然的，何况涉及越多的采购环节，需要的起订量就越大，对于小苏店铺而言，上千件的起订量还是太高了。

记者手记

我们总是想听到秘籍，但小苏成功的逻辑却很简单：卖好的产品，赚合理的利润，其他所有方面都围绕这个主题。诚然，在淘宝集市做高端女装，也是使其杀出重围的一种细分理念，但在客户体验端他也确实花费了心思：快递顺丰包邮；只要买家有退换货需求，不等收到产品就迅速重新发货……也许，你只需要有一个细节超过对手。

女鞋类目九死一生者

如果把2009年作为一个界限，这一年女鞋卖家大多有九死一生的感觉，乐见的是2010~2011年的新晋卖家中，柯玛妮克是典型的成功者代表。

吴慧敏

2010年对于淘宝女鞋市场，是不寻常的一年。一方面淘宝框架价格猛涨，淘宝市场格局变化，淘宝商城奠定电商重中之重的市场地位；另一方面，市场竞争惨烈，迈众服饰旗下太美女鞋歇业，涉趣和卡芙琳在低端市场刀光剑影，骆驼女鞋横刀立马，传统大C巍然屹立，新晋卖家遍地开花。如果把2009年作为一个界限，这一年女鞋卖家大多有九死一生的感觉，乐见的是2010~2011年的新晋卖家中，柯玛妮克是典型的成功者代表。

鞋类的天生属性，就注定比服装要复杂得多，柯玛妮克精准的中端市场定位，精准的定价，结合只做真皮的口号，有效的采购供货模式，果断的内部改革，奠定了其成功的基础。其良好的毛利率，保障了生态链的可持续性。

即使是一名行外人士，也已然可见其店铺优秀的DSR评分和装修设计，见其优秀的基础运营能力，这一定是一个优秀的团队。

真皮也要有型有款

如今的柯玛妮克在淘宝女鞋店铺排名前10名，可是店主小林依然坚持只做品牌运营，没有想过建立工厂、组建设计团队，可是款式、质量的主动权仍然在柯玛妮克手中。再看看柯玛妮克的鞋子的客单价吧，平均每双都在300元以上，可是依然保持着较高的销量。为什么？

柯玛妮克将目标用户锁定在25～35岁的白领阶层，这个阶层的人对商品的价格概念比较模糊，更注重款式的时尚和服务的到位。为保证鞋子的质量和质感，小林对材质的定位是只做真皮。

质感是有了，可是如何保证款型的时尚呢？柯玛妮克的合作工厂只选择广东地区，因为这边大部分的工厂都是为一线大牌做加工的，这样可以更贴近时尚前沿，走在时尚的尖端，借力保证柯玛妮克鞋子款式的时尚性和流行度。

除了由工厂提供款式以外，柯玛妮克团队的每一个人其实都充当了设计师的角色。时尚前沿生力军的他们天天关注国际大牌流行款式，并且听取买家们关于款式的需求，他们会将这些一一记录下来，根据自己的想法稍加改良，然后与工厂从材质、款式、颜色等各方面进行沟通。这样，柯玛的鞋子总是处于时尚巅峰但又不盲目跟款，大众选择度会更高。

柯玛妮克只跟广州的工厂合作还有一个更重要的原因就是节约时间成本，这样能够跟合作工厂短时间接触并相互了解，即使在货品出了问题之后也能尽快去工厂解决问题。现在，柯玛妮克在广州的合作工厂已经有了 20 多家，并且在规模选择上只跟中小型的工厂合作，因为这些小厂都是以为客户服务为前提的，所以无论在服务、质量、物流或者价格方面都比大工厂有更多的优势。柯玛妮克将不同款式的鞋子交给不同工厂生产，既保证了质量的统一，也保证了店内款式的多样。

柯玛小团队的大管理

1987 年出生的店主小林初入社会时本是鞋厂的普工，因为不安于现状，凭着在鞋厂里积攒下来的经验开起了自己的鞋材工厂。原来的工作经验使得小林对鞋子的生产流程和工艺都十分熟悉，而且在自己开鞋材厂的同时也积累了一部分鞋厂的资源。2010 年 12 月小林投资 200 多万元成立了柯玛妮克鞋业公司并入驻了天猫（当时的淘宝商城），还高薪聘请了有经验的技术、客服和运营人员等 60 多名员工。可是 3 个月过去了，在供应商保证充足货量的前提下，商品的销售好像并不理想。看来“甩手掌柜”并没有想象中的那么好做，“甩手”必须以强有力的运营能力和技术能力为前提。于是将老员工全部辞退，只留下了一名主力数据员，其他的客服、技术、运营等都是没有做过淘宝的新人。就这样，小林跟新员工一起从头学习和理解淘宝规则和营销方式，跟主力数据员一起搭建自己的数据平台，数据分析按小时显示更新，让每个员工通过交流群都能够获取公司销售的最新数据。2011 年 4 月，在跟大家一起奋斗后总算初见起色。

因为入行早，在行业内看到听到的也多，而且接触的管理方式也偏欧美方向，所以在团队的管理方面柯玛妮克也有独特性。

柯玛妮克从之前 60 人的团队急速“瘦身”为 40 人组成的小型团队，在这个团队中没有绝对的中层员工，每个人在公司制度下都有拍板权。从客服、运营、技术到物流，每一个环节都形成了固定的流水线，权力被相互牵制，而且每一个环节上都有好几个员工共同操作并且相互监督。用小林的话来讲，即使有员工会离职，也不会因为手头上的事情交接不清而给公司造成损失，或者因为一些细节上的问题必须等领导来解决而耽误了买家的时间。

这样大家处于同一起点，让每一个员工成为公司的核心力量，只有员工在公司找到了归属感和成就感才能安下心来为公司创收，公司才能在内部稳定的前提下朝好的方向发展。

硬广+活动引来高流量

人员的重新配置也意味着公司从零开始重新出发，怎样才能让公司在重新进入市场的时候打好漂亮的一仗呢？小林想赌一赌运气，要不学学传统企业，投硬广吧！在公司刚刚复苏不久，小林就狠砸了十万元广告，用他的话来说，胜败在此一举，成功了公司就能活，失败了就只能苟延残喘了。硬广投放的第一个月，店铺的流量很快上去了，而且鞋子的销量也明显有了突破，最多一天销量高达 1000 双，这对小林乃至柯玛妮克的所有员工的士气都是一次鼓舞。

2011 年 3 月份，柯玛妮克陆续开始参加淘金币和聚划算活动，由于 2011 年的客单价在 200 元左右，而且款式时尚又是真皮，所以活动给店里带来了高人气的同时，也带来了店铺高流量和高销量。短短一年的时间，柯玛妮克在淘宝女鞋店铺排名前 10 名，毛利率也高达 60%，日销量达 500 双以上……这些数字无一不显示着柯玛妮克从零开始后所付出的努力。

家纺上线，逆袭有道

高毛利低净利，加之消费者对真正的“品牌”极为渴望，那么是否意味着即便在线上，家纺的势力图亦无法被改写？

许静纯

共3000余平方米的宽阔空间，只能够支撑一个年销售额三千万元左右的家纺企业。同等的面积，应用于鞋服及化妆品类目的话，这家企业的销售额起码是上亿元的量级。

每逢大促狂欢，家纺行业中的网络品牌便要“坐冷板凳”，旁观行业里几大传统企业在线上发狠。在2012年发力最狠的“双十一”当天，罗莱、富安娜两家官方旗舰店同时挤入成交Top10的榜单，其中罗莱家纺的销售额达9700多万元。而这一天，尚在襁褓之中的网络品牌金喜路保守地做了300多万元——似乎无法相提并论，可是，截止到2012年结束，金喜路也只有9个月。

9个月，创始人老金把金喜路从月销10万元阶梯性地提升到百万元，在11月份，店铺单月销售额破了800万元。毫无疑问，在行业里诸多大鳄林立，且不时还有同行的鱼虾争食的环境里，金喜路游得还算快。然而，再快也有顾忌。“一个网络品牌（家纺），就算它一天能做一千万元，货也发不出去。物流、仓库、人员规模等等，支撑不起这样的情况。”

高毛利低净利，加之消费者对真正的“品牌”极为渴望，那么是否意味着即便在线上，家纺的势力图亦无法被改写？

定位摸索：

走高价、小众道路还是平价、大众道路？

◆选择：先走大众道路再找溢价空间

纵观当下较具影响力的淘系品牌，女装、化妆品、电器甚至是家具类目都已有覆盖。然而，家纺行业的淘品牌虽然有在成长者，但几乎整体静默。

家纺上线的时间大都在2008年前后，那一时期的电子商务还是低价的代名词。事实上，即便发展到今天，家纺产品也未摆脱低价的标签。尽管有意强调品质，但由此带来的局面必然是成本走高，使得本来就低的净利更加低，用老金的话说：“可能还没等到这个品牌做起来，就已经挂了。”因此，进入电商行业之初，在本身资金实力并不是特别雄厚的前提下，老金选了比较大众，也比较容易切入的定位去做。“25～35岁之间，产品不做很艳的颜色，偏清新、淡雅，款式方面挑简单的。”至于客单价，则是150元左右。

无疑，老金选了一个平价、大众化的定位。面对品牌集中度的提高，不少品牌转向了“细分”，并讲究“独特性”。可是，如果没有市场占有率，细分便不能够支撑一个企业。这一点老金想得很清楚：“比如我要做中国风的床品，如果做出这种产品，并且占有了30%的市场份额，还要抓住这帮消费者，才可以生存下来。但是在起步之初，连让消费者知道自己都很难，这直接导致本来就已经很小众的产品，遇到更小的市场份额，那么就不容易活下去。”因此，在前期追求生存的情况下，金喜路选择在一个够大的市场里面，抓住哪怕只有一点点的份额。

这一点点份额给金喜路带来的成绩是：入冬以来金喜路的势头更加强劲，其一款冬被在不到三个月的时间里，一共销售超过 11 万条，店铺的单店排名甚至在多个阶段超过了罗莱、博洋的官方旗舰店，跻身 TOP3。“在卖货的层面上，我想已经淋漓尽致了。”光靠跑量很容易触及到天花板，发展到一定程度就很容易有瓶颈。而做家纺，尤其需要品牌辨识度。想提高这个，没有别的办法，只有提高品牌价值，提高毛利和溢价能力。

家纺品牌各方面成本高居不下，尤以场地、物流和营销“三座大山”

的费用消耗为最。老金算了一笔账：包装材料约占成本的3%～5%，物流费用很高，行业内普遍包邮，控制得比较好的话是8%～10%，控制得不好可能在15%左右，加之是完全竞争领域，产品同质化严重，要提高曝光度，推广费用至少要占到10%。可见，即使不将原材料费用、商城扣点以及人力成本估算在内，必不可少的支出已经占据了将近30%，毛利之低显而易见。然而，一个企业想要发展，又是需要一定的毛利去支撑的。目前，老金对客单价并不是很满意，他想通过“质量+服务”这两张老王牌来提升溢价能力。

供应链突围：

家纺品牌不讲究供应链速度？

◆观点：我不这么认为

金喜路发展快速，供应链的把控在同行之中占了上风是重要原因之一。

与鞋服不同，家纺几无“时尚”可言。家纺的新品开发受到上游供应商的限制，面料推出适合的新品并不太容易。而大部分的消费者对新品需求也不强，一年更换次数比较有限，因此，市面上许多经典的款式能流行很久。于是，有人说，家纺行业的供应链并不用太多地去追求速度。

老金不这么认为。虽然无法跟服装类目开发新品的频率相比较，但金喜路亦在每个季度推出新品。一款家纺产品畅销十年的“传说”，并不会在线上存在。“电子商务本来就讲究速度，新品是一定要出的。”金喜路的节奏是，每季上新先推出70%左右的新品，后期再看是否有新面料、新填充物推出，追加开发新产品。“像今年我们开发了一款面料产品，面料的概念是恒温37度，这种面料的亲肤性会更好，通过这个面料我们就研制出来一些亲肤被，这些都需要根据上游的面料、原材料来创新。”

另一方面，供应链反应速度亦决定了资金周转率，这对成本消耗较大的家纺品牌商家来说至关重要。商家向工厂下一个订单，1万条被子的生产时间是15天还是7天，对产品后续营销方案的制订以及回款速度都可能带来影响。“假如从下单到销售再到催付回款的周期链条是2个月的时间，那么一年只能转6次；如果每个环节都能控制得好，链条周转期变成1个月，那么资金链一年能转12次，即你可以在有限的资源下，做得更大。”老金又算了一笔账。

这似乎是比传统企业更实际也更迫切的问题。

多数网络品牌都会经过这么一个过程：档口拿货——找小工厂加工——寻找更好的供应链管理公司。老金在线下有9年的行业经验积累，上线时直接省略了第一步，在供应链的管理意识上比较强。“我们一开始就是以贴牌的形式来做的，从来没有拿过别人店里的东西换成我的商标，一直都是工厂和品牌之间的合作。”将近一年下来，老金认为自己在供应链上面并没有出现过明显的瓶颈。目前，金喜路的供应商并不多，各个品类加起来大概在7～10家之间，一个品类亦不会有太多的供应商，合作比较稳定。

跟供应商的关系“维稳”涉及诸多技巧问题——很多商家在这一点上叫苦连天。“多年的线下经验告诉我，一般供应商的底线在哪里，而我的底线在哪里。我要什么样的东西，他接受什么合理的价格，这些都是清楚的。”此外，老金会“卡点”。“我会在比较合适的点下单，就是知道我在什么时候下单是最划算的。”这样的做法可以保证一定空间的议价能力。

经过一年的时间，跟金喜路合作的个别工厂甚至关闭了线下的一些批发档口，专门为其生产，因为老金的销量已经超过了工厂自己的销售量。

团队打造：

是冲动扩张还是悠着点？

◆选择：悠着点，先打造核心团队

去年300，今年30的团队规模在电商行业中其实并不罕见。不大具备管理经验是多数白手起家的创业者的通病，一旦企业规模上去了，立刻大范围招兵买马是常事，再者，大家对大卖家出来的员工情有独钟。

老金不吃这一套，目前金喜路员工刚刚突破30人。老金有一个“绝招”：不管是来应聘什么岗位的人，都先去仓库打包至少两个星期。这一“招”曾让公司的两名HR苦恼不已：譬如电话通知了十个人，因为各种原因，可能最终只有五个人来面试。又因为公司所处位置不那么“洋气”，在楼下约有两人放弃，剩下三人即便全部通过一轮面试，最后还要去仓库“实习”，往往又跑剩下一个。但老金很坚持：“即使在双十一，我们客服恨不得把脚都用上，我还是觉得不能随便进人。”对于“吃尽苦头”最后留下来的员工，老金很舍得花钱。“基层员工加班全按劳动法给加班费，晚餐饭补每人 12 元。”曾经有一段时间，为了照顾员工的饮食，老金请了一名厨师专门做饭，员工吃饭成本要花 7 元，可是发工资时老金照样发 12 元，如此一来，员工每吃一顿饭，净挣 19 元。

然而，规模发展，人才需求始终是过不去的坎。事实上，在几十人的团队规模中设置两名 HR 亦是比较“浪费”的事情，一般的创业公司都会让行政兼职。金喜路中的两名 HR，一名负责员工关怀，另一名负责人才储备，建自己的人才库，包括上各招聘网站发招聘信息、筛选简历等，如果遇到人才紧缺的情况，能够马上通知合适的人选进行面试。而作为创始人的老金，把多余的精力花在了供应链建设和团队建设上面。

老金有意打造自己的“核心团队”。“走到这一步，如果我贸然去冲亿元规模，那是自寻死路——团队跟不上啊。”打造核心团队首先要了解员工，其次要明确岗位职责，最后要让大家都有较为一致的价值观——“我至少得让大家觉得是一路人吧?”为了突破瓶颈，老金开始进行团队梳理。

核心团队打造好了之后，他想在核心团队外围打造一群骨干团队。“核心加骨干团队加起来有可能只要 50 个人。那么我们再去扩张的时候，可以很容易地去复制，可以直接双倍扩张。”按照这套管理方法，老金有信心：即使团队发展到 200 个人都不会出现重大问题。

家纺的势力图有没有办法被改写还属未知数。毕竟，从资金实力以及人力资源来说，传统家纺企业占据了大部分的优势。老金打了个最简单的比方：假如我“双十一”要做一千万元，就是说要卖接近十万条被子，打包每天每人只能打包 150 条，一天打包完需要 660 个人，额外要配

100 个人服务，一共 760 个人。再算操作面积，每个人在仓库里的面积起码需要十个平方吧，因为他要来回周转，算下来一共就是七千多平方。对于网络品牌，上哪里去找 700 个人？这样一来，发货速度成了最大挑战。

可喜的是，走得快的商家更加懂得运筹帷幄，在学习能力和反应能力上都显示出其优势之处。他们中的许多人，不是一无所知一无所有的屌丝，而是在线下摸爬滚打多年后，打算全线布局的操盘手。

第五章　SNS，站外引流不是梦

▲化妆品集合店还能开出新花招？避开竞争激烈的资源，以社区导购网站切入电商，挑选优质的消费群体，这家店做到了用有限火力，找准了锚点。

▲一年前，它因运营问题被专家仔细诊断了一番；一年后，靠着客户的口口相传，店铺顺利进阶到一皇冠。

▲几近饱和的淘宝男装市场，要从中脱颖而出并非易事。通过微博试穿活动，倒是积累了一批细分忠实受众。

▲赚钱的 B2C 那么少，但 2010 年销售额 5000 万的铁血网却可以有 1000 万的利润，垂直社区是天生做电子商务的料吗？

▲因为需求旺盛，母婴市场爆发力巨大，但如何在成熟的供求市场中“生造”一个新需求，则要考验企业的眼光和实力了。

化妆品神店如何善用社区导购流量

避开竞争激烈的资源，以社区导购网站切入电商，挑选优质的消费群体。用有限火力，找准了锚点。

吴慧敏

@义云堂：选择一个投资对象，凶猛企业家重要还是梦幻管理团队重要？我觉得还是凶猛企业家重要些。特别是在中国的商业环境中，凶猛企业家往往能没钱找钱没人找人没关系找关系，披荆斩棘跋山涉水，最后杀出一条血路。而那些梦幻团队，一旦遇上逆境，就往往作鸟兽散了。中国，野蛮生长比精细管理更适合。

2月7日，青云创投总裁以账号“义云堂”发布了以上微博，“草莓派天天吃醋”转发跟帖：在说我们吗？

2010年6月上线的草莓派护肤论坛，截至2012年2月积累了28万名会员。在论坛搭配独立商城运作之余，创始人“草莓派天天吃醋”（本名那蒙）抽空在2011年7月开了淘宝店“妖精的化妆台”，128天做到了两皇冠。为人高调，微博掐架不断、口无遮拦的那蒙，尚不足以称之为“企业家”，但在2011年竞争白热化的局势下切入化妆品类目且发展速度惊人，他和他的团队确有一股野蛮生长披荆斩棘的生命力。

站外导流，挑选客户

没参加过淘宝的任何活动，没开直通车没做钻展没做过站内推广。那蒙挂在嘴边的一句话是：我们不敢做信誉太快，淘宝的 CTU 系统差点怀疑我们虚假交易，还好最后查实我们是正常交易。那蒙诚恳的“得瑟”让同行很郁闷：那你们到底是怎么做到的？

2011 年 7 月才开始做淘宝，而且以品牌渠道的形象做集市店，这在很多人看来并不是个好时机，因为在当时，曾经知名的化妆品渠道金冠商家柠檬绿茶和心蓝剔透已显露疲态，Nalashop 打稳一片江山后开始自建 B2C，小也香水则着力打造自有品牌。显然，做渠道店铺的商家在拼命转型，品牌集合店颇有些后劲乏力。所以，那蒙刚开网店的时候，起码在第一个月，他在频繁抱怨：淘宝真的太难做了，一天能有 5 单就算不错了。

但是，有过一月冲两钻经验的那蒙还是想办法打开了新店的局面。考虑到淘宝的站内资源已经基本被众卖家挖掘光了，所以那蒙一开始就把引流重任交给了站外。刚开始，店铺的流量几乎全部来自站外，蘑菇街、美丽说、逛、堆糖、爱物网等导购网站带来的流量占比达到 90%，现在正逐步降低到 30%，“淘宝内的搜索竞争已经很大了，所以我们没在这方面花时间，标题都没怎么优化”。确实，创业时机没有绝对的好坏。在 2011 年下半年，几家导购网站已经发展得有模有样，用户数也积累了数百万，刚好给了新进商家这样的引流机会。除了社区导购，诸如团 800 旗下的“tao800”网站，那蒙也利用得很好，现阶段日均流量导入有 7% 左右的比例。

目前，“妖精的化妆台”重复购买率 70%，最多的客户回购次数超过 20 次，店铺的客单价约为 100 ~ 120 元，月销售额在 20 ~ 40 万元浮动，每天发出的包裹数在 200 个左右。由于跟站外导购网站达成了战略合作，店铺的订单有 70% 来自于这些网站的团购频道。针对记者对于“团购带来的客户是否是低价控”的疑问，那蒙给出了自己的看法：这其实是一个客户需求把握的问题。化妆品消费者的基本需求是：买什么和怎么用，经过几年的网购发展，这两个需求其他店铺已经帮忙培育过了。成熟用户知道什么是真品，知道买什么，会更有针对性地去团购。“我的店铺主要服务成熟客户，通过化妆品团购带来的人群，他们的重复消费和需求是逐步上升的，可以说我们是在挑选客户，不知道买什么和怎么用的客户，我们都会直接推荐他们到其他店铺去买。”

这样累积客户的方式也许速度有点慢，但这是一群运营成本最低的客户。从目前获取客户的渠道来看，团购确实属于简单高效的渠道，尤其是通过社区导购网站上团购频道得来的客户，他们确实比普通买家更懂产品。

站内避开热门资源

当然，那蒙并没有完全放弃淘宝的站内资源，只不过，他看中的不是热门资源位，而是淘宝新推出的资源。“淘宝站内的流量主要来自店铺街”。店铺街是淘宝在2011年新推出的资源，美容护肤的官方店铺街收录了1000多家店铺，草莓派网店也被收录其中。另外，店铺街还有一个“淘友口碑街”频道，在这里能清晰显示店铺的用户点评、购买记录和推荐理由，还有按钮引导买家收藏店铺。那蒙团队把精力放在了用户推荐店铺方面，客服接待新客时会着力推荐这个频道，毕竟，官方频道比起店铺直接放置好评截图可真实多了。那蒙发来的最近店铺流量数据显示，店铺街导来的流量在20%左右。

此外，诸如“每日一礼”、“拍卖频道”等资源那蒙也很是看重。而一向争抢热门资源的卖家们，是否关注过流量虽不够鸡血、但小火慢炖型的频道资源呢?

基于团队做规划

如果说一家店铺的起步要靠流量喂养，那么如何保持高速发展就要看团队的成色了。目前草莓派负责淘宝网店的团队只有 6 人，2 位运营和 4 位客服，让那蒙骄傲的是他的客服主管和运营总监都是金冠店铺出来的，团队几乎不需要磨合，可以马上上手。

团队发力，并不是每个运营环节都要事无巨细，在那蒙眼里，也根本没有必要做得那么细致。因为其他店铺已经把消费者培育得差不多了，而且消费者购物时会比较，在别家详细看了产品描述再到那蒙家下单的用户比比皆是。起步阶段，够用就行。一个新店铺开始的时间是宝贵的，要基于现有团队做最好的规划。“很多老板根本不考虑自己团队的能力，单纯要求团队必须做到别人做的好东西，甚至指望一个人过来解决所有事情，怎么可能呢？比如我们没有很好的文案，我们就没在这方面下工夫，我们的店铺装修并不出色。”

怎么让团队做他们最擅长的事情，那蒙的招数很明确：首先是获取流量的手段，现在都说电商成本普涨，先进来的卖家苦不堪言，也给了新近卖家不少压力。拼直通车和推广费用？这对于新店而言非常不可取，所以看准站外机遇，虽然说获取流量慢了点，但至少稳定，且成本十分低；其次是定价，跟同行的几个金冠卖家相比，那蒙的产品定价很有门道。比如相比 Nala 几个活动款产品，那蒙的定价略低几元钱，但也并非全线都低，有些产品定价还是略高于其他商家。这种体验，对于重视性价比的买家而言，爆款产品是很有吸引力的；对于店铺自身而言，整体价格属于行业的中等程度，保留了合理的利润率。那蒙说这种定价属于“淘宝成交量最多的价格”，是淘宝消费者的心理购买价格，多了或少了都不合适。最后说用户体验环节，那蒙选择的方式是用更好的纸箱，成本花费是其他商家的 2 倍。看起来是 2 倍，但其实也就多支出 1 ~ 2 元，但作为用户第一眼看见实物的环节，这个决定了用户体验最重要的第一步。

显然，这家快店的优势昭然若揭：避开淘宝竞争激烈的资源，以社区导购网站切人电商，挑选优质的消费群体，然后抓住消费者印象深刻的点狠下工夫。不求全面，做能做好的事儿，一个精干的小团队正在继续快跑。

延伸阅读：什么是“每日一礼”？

简单来说就是分享有礼的常规活动，每天有数款产品有免单资格，买家需要许愿、分享给其他买家即可收获免单机会。这个 SNS 应用可以把产品传播到人人网、新浪微博、腾讯微博、开心网、QQ 空间等人口密集阵地。打开活动页面点击了几款产品，发现这里的卖家信誉级别较低，确实很适合新手玩家。

复古男装红人馆

一年前，它因运营问题被专家仔细诊断了一番；一年后，靠着客户的口口相传，店铺顺利进阶到一皇冠。

Alvin 吴梦

如果单纯从账目数字来看，集市男装店“古古 IN MASK”的“表面功夫”并不是那么抓人眼球：月均销售千余件男装，类目排名也并非数一数二，店内没有爆到让消费者疯狂抢购的款式，掌柜在营运推广中也未曾狠狠砸钱投放过广告……但就是这样一个一无爆款二少推广的放养式集市店，硬是在一年时间内升至一皇冠，让 86 后的年轻掌柜淘到了一个宝。

契合定位选好款

古古是学动画出身，之所以选择做淘宝，是不想让自己的梦想每天被重复量产的设计要求所绑架。跟大多数美术出身的掌柜一样，初入淘宝的他有的是一腔热血，誓要在这片热土上实现自己的原创梦。创店初期，没有流量，每天就发两三个包裹，靠着不停在论坛上发帖和日常生活中积累的好人缘，店铺开始逐渐有了流量。

“古古 IN MASK”男装店走的是轻熟男复古风，服装的面料也以棉麻为主。当问及产品货源时，古古丝毫不掩饰自己是从四季青拿货的。不同于别人的盈利模式，他没有把代理商提供的产品图片直接挂在网上，而是将市场上批来的产品重新包装，获取相对高额的溢价。

杭州四季青服装批发市场是杭州市区以及周边地区服装类目卖家批发产品的主要货源地之一，之后的网络售卖方式也只有两种：一、直接用代理商提供的图片，小幅加价，赚一个辛苦钱，操作简单容易上手；二、拿货之后，重新包装，赚取相对较高的利润。古古选择了后者，而他也为之付出了更多的时间和精力。考虑到成本，他兼任了店铺的模特，为保证图片质量，体重必须控制在130斤左右，这让热爱美食的他大呼辛苦。单单是每次批发商品、拍照、修图、上新基本就要花费3天的时间，剩下的时间里，所有有关店铺运营销售的事情全部由他和另外一个伙伴共同承担。

说到选货，古古有着自己的一套标准，那就是一看款式二看品质三看性价比。这三条说来容易，其实相当不简单。首先在选款时，就需要独到的眼光，大方简洁并在细微处彰显特色的男装，才能吸引客户。古古一直坚持走复古风，而对于美的独特理解也让他在选货时能够轻松驾驭。其次是看服装的品质，对于品质的挑选，不仅要求面料舒适，还要做工精细，比如拉链的选用、衣料的内衬、细节的处理……必须从每一个细微之处去观察、去感受。即便以上两点都具备，倘若性价比不高，也会影响商品的销量和评价。本着以上三个原则，古古每次拿货时都会谨慎挑选二十余款，但数量都不会太多，尽量避免库存积压。此外，每次去拿货之前，古古都会了解一下流行的款式，在选款的时候尽量做到有的放矢。

掌柜支招 1：不做卖货郎

在淘宝商品同质化日益严重的今天，消费者对于商品的要求越来越高。如果只是一味追求网络爆款，店铺就容易丧失自己的风格，变成“卖货郎”。因此，卖家需要提前做好店铺的风格定位，在选款时也要注意产品与整体风格的统一，把商品卖给你想卖的那群人，才能树立起自己独一无二的店铺形象。

妙用微博开销量

在店铺经营的一年中，直通车只零零散散投放过两个月，参加过一次类目活动，在基本没做任何推广的前提下，每月还能维持千余单的销量，拥有数量庞大的忠实客户是必不可少的因素之一。

在古古的店里消费过的客户大多都会成为回头客，因为在这里购物，商品质量不仅能够得到保障，掌柜服务态度也相当好，他们都很喜欢古古亲切爽快的性格，微博粉丝数量也随之达到4528人。每次上新时，古古都会通过微博进行公告，比如："丹宁永远离不开爱耍酷的男人。粉色女郎，绝对骚气横生。"引来一众观摩者。在店铺初运营阶段，卖家需要认真对待每一位前来咨询的客户，不仅要向他们介绍产品信息，更要与他们成为朋友。当然，在淘宝这个开放的平台上也会遇见一些不靠谱的客户，面对这种情况，古古一般都会选择自己贴钱出邮费让客户将产品寄回，或者直接把产品送给客户。依靠老顾客的口口相传，客户数量不断增多，口碑信誉也逐渐建立。

如今这种将有共同喜好的客户聚集在一起，通过旺旺群、QQ群和微博的形式互动交流心得的SNS营销方式越来越多地被卖家广泛运用。当卖家在微博上发布新品预告时，买家都会争相收藏并在微博上转发分享，将产品信息传递给更多人。买家在消费之后，也会将试穿感受及自拍照片在微博上分享，进行更广泛的传播。

依靠买家建立良好的口碑，用零成本的口碑营销为自己的店铺造势宣传，店铺的收藏量也大幅增长。但在销量得到保障的同时，更要保证好产品的质量与发货速度，提供更为人性化的售后服务，不断提升客户的购物体验。

掌柜支招 2：客户是你的好参谋

从客户那里卖家可以收获很多宝贵的信息，比如他们对店铺装修的建议、热衷的款式、更容易接受的价格等，这些都是卖家需要及时调整的地方。当然，对于这些意见也要有选择地接受。

快速成长也烦恼

2012 年三月，古古与四个校友共同出资 60 万，注册了公司，将之前各自经营的三家淘宝店铺初步整合，开始了他们的梦想之旅。

与大多数踏出校门的掌柜一样，对于团队管理，他们存在很大的盲区。首先，五个人共同出资共同管理，在权责上并没有很好地划分，比如谁来负责选品，谁来负责推广，谁来负责运营……每当有问题出现时各抒己见，无法达成统一；其次，将现有的一家女装 B 店、一家女装 C 店和一家男装 C 店初步整合，暂停运营了女装 C 店，但如何同时打理好定位及目标客群完全不同的两家服装店，在意识上没有达成统一，男装店依然主要依靠古古打理，而女装店的定位左右摇摆，发展迟缓，目前只是通过单款跑量。第三，管理团队人心涣散，成为股东后，每个人都想承担更少，享受更多，急需引进专业客服、运营及管理人才，建立相对完整的团队。第四，对于公司今后的发展预期及规划，目前只是停留在口头表述阶段，没有经过讨论整理落实。

小团队的建设和发展，最需要的是明确每个人的职责所在，以及成员之间的理解与相互协作。在团队建立初期，更是需要每个人多承担、多磨合。淘宝提供给了许多年轻人实现梦想的一个舞台，然而在其发展道路上，势必会遇见很多问题和麻烦：如何建立团队、增加流量、应对危机、制定策略……都是年轻的创业者不得不认真思考的问题。

微博试穿，肌肉男的小清新

几近饱和的淘宝男装市场，要从中脱颖而出并非易事。墨立方以原创设计为理念，专注细分市场找到适合自己的路子。

赵翚

劲霸、太平鸟、杰克琼斯等品牌逐鹿群雄，已把淘宝男装市场挤得满满当当，若想从中瓜分一杯羹，实属不易。而墨立方男装集市店，没有使用任何淘宝资源推广，一个月达到四钻，半年荣升皇冠，在拥挤的男装市场开辟出自己的道路。目前店铺仅有 SKU 数 60 几个，而 100 ~ 300 元的客单价在男士夏装里也并不算低，那究竟墨立方用什么方法吸引买家呢？

专攻肌肉小清新

对于新开店的卖家来说，2011 年 3 月进入淘宝男装市场，时机不算最好，当时淘宝男装市场已近饱和，在这片红海中开辟出自己的市场并非易事。创始人兼设计师墨子坤想到了从细分市场入手。

相比女装，男装在款式上相对单调，市场该有的款式都已经有了。是倾销卖货还是打造自己的原创品牌？倾销卖货对于刚起步、资金有限的墨子坤而言，并无先天优势，更无力跟大品牌卖家抗衡。这些问题让墨子坤纠结了很久。

而此时，花笙记、非池中等个性化原创设计男装品牌的异军突起，让墨子坤感觉到了希望。几家店铺同是经营原创设计男装，但都因为专注细分人群的需求和偏好，牢牢锁定自身的客户群体，竟也从饱和的男装市场斩获一席之地。

出于自身对男士时尚流行元素的关注和对运动的热爱，墨立方定位逐渐清晰：适合80、90后，爱时尚、爱健身的男士。定位清晰后设计也有了方向：主要设计风格偏运动休闲，衣服颜色大胆、明快、活泼、青春。而整个品牌的颜色主色调为蓝色，简单安静，却又含义深刻。

于是“墨立方”的品牌形象也随之树立：墨立方系列男装，摒弃以往沉闷的深色调，大胆使用蓝、黄、绿等这些跳跃活泼的颜色。虽然这些颜色在男装上运用得并不多，但墨子坤希望借这些跳跃的色彩来传递时尚青春的气息。当然，在面料的把控上也从不马虎。同为男生的他深知，男生在服装的挑选上更看重品牌和品质。尤其是经常运动的男生，面料要舒适、吸汗才是关键，因此墨子坤多半选择精梳棉、莫代尔等运动型面料来配合他的设计。精准的定位人群，并从款式和材质上博取客户的好感和认同，使得墨立方短短半年时间便跻身皇冠行列。

出单选作坊

墨立方每个款式只会量产100件，而工厂接的都是上万的大单。如何保证货源供应呢？墨立方工作室设立在广州，其实对于很多做服装的卖家而言，广州有着得天独厚的优势。不仅资源丰富，而且大大小小的服装工厂也很多。不仅有专业的大工厂，还有很多小到几个人或者几十人的小作坊。那些大工厂主要以跑量生产为主，而小作坊、小工厂多是生产广州市场上的批发产品，数量要求不那么苛刻。大工厂的量基本以上万件起订，对墨子坤来说，目前店铺规模和资金等问题，如果选择大工厂代工，并不可取，于是不得不选择小作坊来生产。初涉服装行业的他，也通过朋友介绍，合作过几家作坊生产，因为质量很差，也吃过大亏。对质量要求严格的墨子坤，不得不一家一家小作坊自己跑，厚着脸皮去跟作坊老板们谈合作。然后每一家作坊合作初期，会用少量订单来做尝试，优胜劣汰，从中选出几家可长期合作的作坊，再慢慢磨合。墨子坤坦言，除此之外，还要看老板的为人，能不能积极配合店铺的上新周期。

墨子坤表示，之所以划分季节上新，是因为春夏季所需原料相对比秋冬季便宜，从材料投入上，节约成本开支。其次，对于人们日常衣着更换频率来看，春夏季的需求也多过秋冬季，所以按季节分配比例上新，也是迎合了消费者的需求。而每个款式进行量产，件数控制在100件，卖完则不再生产。对于想买又买不到的，或者买了因为质量设计好还想再买的消费者，不知不觉就期待下一周期的上新。这样周而复始地循序，利于调动消费者的积极性，也巩固了品牌效应。

现在墨立方的上新频率一般保持在1次/1.5月，理想状态下预计一年上新次数在9次左右。通常春夏季的上新频率会比较快，反之秋冬季较缓，而一次上新一般上30个款式。

试穿打开市场

目前店铺没有爆款，也没有淘宝资源推广，每日的PV还能保持在4000～6000，如何做到？墨子坤有窍门。

靠个性化取胜的商品对设计要求非常高。墨子坤亲自操刀设计。他透露，有时设计灵感没了，有时又不知道用户需要什么样式的衣服。为了弥补设计灵感的不足和自身的欠缺，墨子坤经常把自己新设计的衣服作为礼物寄送给别人，反馈回来的意见为墨子坤提供了源源不断的设计思路。于是“墨立方”就将免费试穿作为营销的最重要手段。而微博则成为这一方式的最好互动平台。

墨子坤介绍，起初店铺才刚刚做起来，流量还很少，设计的衣服也鲜为人知。平时就爱玩微博的墨子坤，把自己设计的衣服发到了微博上。渐渐地有些人看了很喜欢，便与他攀谈起来，遇到聊得投机的，则把自己设计的新作寄送给他们试穿。试穿了以后，他们给予墨子坤很多设计上的灵感和建议，从颜色的搭配、款式的实用，到面料的舒适无所不及。许许多多的点子让墨子坤在设计思维上拓宽了很多，例如“纽扣”、“拉链”每季款式的主题基本整合于试用者的建议和他自己的心思。

现在每季主打款式，墨子坤还会多准备 20、30 件，用来寄送给朋友们。这些朋友是各行各业里的从业人员，办公室白领、买给男朋友的女孩、在校学生……墨子坤没有刻意地去寻找和定位他的赠送对象，一般都是通过微博平台的互动，在粉丝中挑选他的试穿者。通过微博交流得比较愉快的，墨子坤会去观察那些人的微博，爱表现的人都会在微博上记录自己的生活。不难看出人家喜欢干什么，职业是什么。然后他大多会选择爱健身、爱时尚、热衷自拍且粉丝多的人，来作为试穿者。往往这样的人群，试穿了以后大多都会把照片晒到自己的微博上，再@ 墨子坤。结果知道墨子坤设计的人，就越来越多了。

原创设计服装下订单模式生存之道

重材料：在与代工厂合作上，材料可选择由代工厂包办或者自行置办。无论哪种模式，对于材料的把控是关键。像墨立方这类服装卖家，在条件允许的情况下，建议可在面料市场货比三家，尽量挑选出最具性价比的面料。

定工厂：原创设计服装的卖家量都不会太大，即便是小工厂聚集的地区，愿意接单的也少之又少，更何况这些工厂的工艺和设备良莠不齐。

因此，建议初期多找几家代工厂进行合作，从中挑选出工艺优良的两三家建立长期合作关系。若是嫌量少不愿接单的工厂，卖家不妨考虑与其他人抱团拼单。

垂直社区的电商裂变

赚钱的 B2C 那么少，但 2010 年销售额 5000 万的铁血网却可以有 1000 万的利润，狗民网电子商务板块上线 3 个月后销售额就突破百万。垂直社区是天生做电子商务的料吗？

吴慧敏

11 件 M65 野战风衣被秒杀，点燃了铁血网做电子商务的信心。

作为 20 世纪 80 年代美国各地驻军的标准装备，M65 曾经引领了一个时代。1982 年上映的著名电影《第一滴血》中史泰龙饰演的主角蓝博穿着一件十分紧凑的绿色 M65。《出租车司机》中历经周折的平民英雄德罗尼、老谋子《千里走单骑》中的高仓健、《一见钟情》中的张曼玉也都在戏中身着不同款的 M65。甚至有人戏谑说，M65 风衣是小布什和拉登唯一的共同爱好。

2007 年，蒋磊同样注意到 M65 在他一手创建的全球最大中文军事社区论坛“铁血网”里的超高人气，众多军品玩家不约而同关注、细品着这款衣服，相当一部分军迷以拥有一件 M65 为乐事。已经连续 7 年尚未找到网站明确赢利点的蒋磊心里升起一个念头：尝试军品网购？

蒋磊掂量了一下手里十分有限的现金，精打细算是必需的。如果尝试卖一些认知度高的产品，更方便回款，大热的 M65 是当仁不让的首选。

M65 的货源地不算少，全球多家公司都在生产这款风衣，包括中国。但既然是奉献给骨灰级的军迷，必须找到最佳产品。蒋磊几经周折终于向声名赫赫、全球生产 M65 的翘楚公司阿尔法（ALPHA INDUSTRIES）下了单，11 件最小起订量，空运过来后挂在淘宝店，两天内被抢光。

类似小批量外贸订单的操作让铁血网迈出了做电子商务的第一步。蒋磊舒了口气。

爆版战衣引出垂直 B2C

2001 年，进入清华大学材料系不久的蒋磊创建了军事阅读网站“铁血网”。他花了几十元买了个域名，在一家门户网站申请了免费空间建站，之后又用第一笔广告收入 60 多美元买了一个付费空间和域名。和志同道合的同学和高校网友一起运作论坛，通过军事相关的历史、武器、新闻、小说等吸引对军事有癖好的网友驻足。

♡有声誉，没盈利

单从论坛本身而言，蒋磊一直带着光环。2004 年，铁血网入选中国最大的社区 15 强，被冠以“全球最大的中文军事社区”的头衔。2007 年，铁血网入选最有影响力的中文社区 20 强。当时，铁血网每天的访问量有近百万，但广告收入不稳定。再加上 2003 年又错过了国内线上阅读收费的新尝试，流失了不少论坛上优秀的军事题材写手。一开始定位军事阅读，随着原创写手纷纷跑去别的阅读收费网站谋生，铁血网元气大伤，且一直没有找到合适的赢利点。

所谓成也细分败也细分，铁血网因为足够细分军事领域的垂直社区在发展中一直没有棋逢对手，但也正因为这种军事的精准细分，让普遍依赖广告收入发展的论坛优势无法显现。在这个节点，11 件 M65 野战风衣迅速被秒杀展露的商机让蒋磊颇感兴奋。

♡军品遇到网购

当时，铁血网还是个单纯的论坛。他首次进货的 11 件战衣，还是放在一位员工私人账号开的淘宝店里代售出去的。有了好的开始，后续他又尝试进了几批 M65，数量越来越多，但秒杀的速度却未曾放慢。通过一段时间的测试，蒋磊终于确定，网上倒腾美国大兵的装备是一件可为之事。

2008 年初，铁血网开始通过开设淘宝店和“铁血君品行”商城（独立 B2C）踏上电子商务之路。在君品商城的商品购买详情页中，会有

“可到淘宝购买”的按钮，流量反哺，导入效果不错，淘宝店目前的信誉等级是2皇冠，旺季时月销售额可达到100万。

而作为打响头炮的供货功臣阿尔法，目前铁血每年帮助其销售1.2万件战衣，为了兼顾中国巨大的民用市场，阿尔法已有多个产地迁移至中国。

垂直社区电子商务正当红

2007～2009年，铁血网的军品销售额分别为80万元、600万元、2600万元。目前，铁血网访问量的日均IP数为200万，日均PV数为2000万，这些用户都是潜在的军品网购者。在大批量用户的基础上，军品行业的暴利性进一步奠定了铁血网做电子商务的先天优势。

与销售量火爆、实则基本不赚钱的独立B2C不同，2010年销售额近5000万元的铁血网，净利润达到了1000万元，在所在市场容量狭小的军品细分领域成为了行业第一。

♡借力社区圈定用户

垂直社区+电子商务，在社区用户中发掘热销产品，把社区用户转变为消费者，轻而易举圈定潜在客户，并有针对性的营销，这可以说是铁血网做电子商务告捷的主要原因。“跟所有新卖家一样，其实就是个‘怎么圈定最开始的核心用户’的问题，也就是如何先养活自己的问题。”铁血君品行总经理李浩中坦承，铁血网做电子商务，流量及销量的充盈离不开论坛用户的忠实支持。

目前，君品行的平均客单价超过1000元，日均200多单，日均销售额20万，每单毛利润率在30%，80%的顾客会进行二次购买。这组数据也决定了网站锁定的客户群体具有很高的消费能力。“35岁左右、月收入7000~10000元。”李浩中这么形容铁血网的用户特征，并补充了一句，“男性占比98%。”“从目前论坛访问数据看，人群趋向于年轻化，虽然年轻人的消费能力有限，但证明这种爱好军事化的情结是可以培养的。”李浩中并不太担心用户断层问题。

♡销量提升货源话语权

作为垂直军品电子商务，货源的重要性不言而喻。有军事情结的用户本来就有收集军品的喜好，而很多国外的部队退役服装，称之为“库底子”，在销毁之前会搞一些拍卖。最开始，铁血会联系一些国外的朋友去代拍卖，拍到后放到线上出售。随着铁血网的壮大，这种零碎拍卖的方式不再主流，而且有阿尔法合作的案例在前，铁血开始更多和国外的军品品牌联系代理权，产品的类目也越来越多。目前铁血已经有800多个SKU，40多个品牌代理权，是美国阿尔法服装在中国大陆最大的经销商及瑞士 Traser H3 军表的中国大陆总代理。

Traser H3 军表，在和铁血网合作之前，民用市场一年的总销量不过 2000 件。在铁血代理这款表之后，从 2009 年 4 月到 2010 年，共卖出 5000 多件，帮劲厂家收获 1000 多万的销售额。也正是铁血表现出来的旺盛的代销能力，帮助他们更好地在厂家面前拥有话语权。

♡内部资源整合

2009 年 11 月，李浩中加入铁血网的时候正好是公司遇到瓶颈的时候，“瓶颈不在具体某一方面，而是供应链、宣传、广告等如果沿用以前模式，很难维持高速的发展。”李浩中首先把君品行和论坛的运营人员职能进行细分，因为职权不同，混为一谈实则会阻碍执行力和速度。

供应链方面，从产品研发、选品到数据分析、供应商维护都进行了更细致的分工。一年多来，供应链的反应速度大幅提高，从之前 2～3 个月的订货周期调整为 1 星期，随着库存周转的速度加快，积压资金的压力也下降了不少。随着铁血君品行的壮大，铁血网开始再造电商基因。先从宝贝详情页开始摸索，摄影、美工自不必说，运营论坛一直擅长的数据分析在运作网购平台中得到了很好的沿用。更何况，借助天然的论坛平台，铁血网省去了大量的广告推广费用。在电子商务成本越发昂贵的今天，单凭这一点优势就足够很多从业者艳羡。

天花板不遥远

细分类目，竞争对手少，垂直领域行业领先，但不代表没有苦恼。“铁血电子商务遭遇的最大困难：供应链控制问题+价格体系混乱。”李浩中不止一次叹气。

♡价格体系混乱

有些产品原来在国内没得卖，但通过铁血网利用论坛的高流量、高人气和社区广告（自有论坛以及在别的论坛购买一些广告位）推热之后，却渐渐遭遇窜货问题。铁血希望以合理的利润率来保证品牌形象尤其是品牌售后的支出成本。他们做出承诺，消费者购买的这类产品，只要是正品，即使不是在铁血网购买，铁血也会负责售后服务。

不同于铁血网的产品都是通过正规报关后进行出售，一些不太正统的卖家，肆意降低售价，而且在销量上直逼铁血网。“销售价比铁血低5%～10%算是好的，有的零售商的价格竟然比铁血低20%～30%，这种扰乱价格体系的做法很破坏市场。”拿手表来说，铁血网有款手表很畅销，但淘宝上有形状十分类似的一款手表，对于很多非铁杆军事迷来说，他们对厂家正品并没有那么大的辨别力，而且对方价格更低，所以仿款的销量居高不下。

♡供货厂家难控制

在供货厂家控制上，铁血网同样有苦难言。虽然随着代理销量的水涨船高，铁血网在供货厂家面前较为扬眉吐气，但这些军供厂家，对市场活动并不敏感，任何一方出钱来买他们的产品都乐意出售，所以铁血网想维护好价格体系比依赖国内厂家的普通卖家更艰难。因为厂家的不作为，对窜货睁一只眼闭一只眼，李浩中觉得很委屈，“我们帮助品牌做市场预热、品牌推广、售后维护，但利益却得不到保证。”

除了代理权比较混乱之外，军用厂家对民用市场不够重视，如果有军方采购，民用市场的订单会排在后面或取消。也因为军用厂家的供货不稳定，会比较影响发货速度，十分违背电子商务的快节奏。

为了不在供应链环节受制于人，这也催生了铁血想做自有品牌的诉求。何况，目前国外的军品价格不菲，如果创立自有品牌，可以更好地控制成本。更重要的是，他们有操盘多个国外不知名品牌产品的经验，铁血网曾经做过试验，拿一款不知名的品牌产品在论坛宣传出售，也可以卖得不错，这对他们创建自有品牌非常有借鉴意义。同时，铁血也考虑收购国外的一些小品牌进行培育，毕竟这些品牌更有内涵。

♡触碰天花板

民用军品市场的天花板并不高，李浩中认为未来 2～3 年内这个狭分市场就会趋向饱和。作为应对，他认为拓宽品类不失为一种方式。

2010 年 9 月，铁血网在淘宝开了商城店，因为没有特别合适的类目放置，最终选择了户外用品这个类目。这个动作也给了他们诸多灵感：军事爱好者和户外爱好者，无论从年龄层还是喜好，都有天然的贴近，从户外用品的角度扩充现有品类和品牌，是一个十分安全的方向。

“因为受众都是收入较高的男性群体，男性户外用品、男性奢侈品都可以作为军品的补充品类。”当然，品类的扩充，伴随着供应链控制难度系数的扩大，铁血目前在谨慎地试销一些新品类，而且没有做很大力的推广，希望能先看看受众的接受度。“虽然想扩大品类，但我们并非是想扩大消费者群体，而是希望可以服务好现有用户的其他需求。基于现有人群扩大品类，而不会盲目扩大消费者的群体，否则会失去核心用户。”

铁血路在何方

垂直社区最大的价值在于让用户拥有了极强的趣味防御性。这里通过为用户提供兴趣相关的资讯、信息、互动，逐渐影响了用户的爱好导向，随之而来的结果是用户的黏度和忠诚度极高。用户通过长期的社区洗礼，有了共同的窄审美，而这也为精准定位的电子商务提供了极为便利的条件：用户对价格不太敏感，而是注重产品是不是社区舆论导向的那一个。

垂直社区在电子商务能迅速赢利也是因为这个基础。以铁血网为例，论坛日均200万的访问量，构成了独立商城以及淘宝店的主要流量来源。从现有数据来看，月销售额100万的淘宝C店，80%的交易来自论坛的链接。而在获取稳定流量的同时，论坛还提供了大量的广告资源。除去论坛本身拥有的广告位以及和一些网站进行广告资源互换之外，每年铁血网花费的广告费用只有20万元，这可能只是一般卖家投一次淘宝首焦的价格。虽然铁血在淘宝上的C店，也会象征性地烧一下直通车，但每个月的车钱，最多不会超过7000～8000元。

铁血网当然不希望这么快触碰天花板，所以尝试通过扩充品类深度挖掘现有用户的购买力，提高用户重复购买率。而目前最尖锐的问题莫过于，这些用户虽然有较高的消费能力，在户外用品、奢侈品方面也有需求，但他们会不会乐意修改以前的购买路径而选择铁血网新推出的品牌？他们是基于军事爱好集结于此，他们笃信铁血网做电子商务的最大价值就是军品正品，对于其他品类的接受度，还有待市场考证。

延伸阅读：透视垂直社区的电商潜能

2010年，转战电子商务的垂直社区涌现出了两匹黑马，铁血网根植军事社区的军迷，狗民网则起家于宠物网站，通过集结宠物达人挖掘出宠物市场这个细分的电子商务类目。他们在各自的发展中有过纠结，但在试错、挣扎之后，在2010年通过电子商务B2C找到了盈利点。

为什么赚钱的B2C那么少，而2010年销售额5000万的铁血却可以有1000万的利润，狗民网电子商务板块上线3个月后销售额就破百万？暴涨的销量，使得垂直社区+电子商务的模式引起了人们的强烈关注。

优势明显

垂直社区的优势不言而喻。首先，潜在用户在这里集结，他们因为共同的话题、喜好甚至产品进行深度交流，可以轻而易举发现他们的消费需求；其次，当他们以产品为互动交流主线的时候，说明用户在这方面有强烈的消费需求，是时候可以引导消费。纵观两个垂直社区做电子商务的起点，铁血网因为用户对M65战衣的超高关注而开始试水电子商务，狗民网则是通过抽奖、团购等方式试探用户的电子商务接受程度，都是因为找准热销产品这个点之后才能如鱼得水；再次，可以在论坛针对深度客户进行精准营销，在电子商务成本日益昂贵的今天，不仅节省了大量推广成本，而且使得营销更有针对性。而且，垂直社区的用户黏性大，回头率高，二次购买率高达80%。

潜力指标

是否垂直社区一定就是天生做电子商务的料？还是要更理智地看待。

从现有成功案例来看，他们的共同点如下：

·进入的细分领域要有独特性，在电子商务领域，同行业尚无强劲的竞争对手。铁血网和狗民网都是各自细分领域数一数二的网站，与电子商务的结合才会立即发挥效力。

·社区能聚集人气，有足够的会员数量。目前铁血网日均访问量为200万，狗民网的会员数量在50万左右。

·发现社区用户的消费需求点，找准有市场需求和较高利润率的产品。军品、宠物用品都是有较高利润率的产品，而对这类产品有需求的用户一般具有很高的消费能力。

·要将用户对社区的忠诚度转移到产品上，需要通过产品、服务来巩固用户信心。铁血网合作的厂家一般都是国外军品品牌的军供厂家，打造了军品正品的品质形象，而在服务方面，铁血网和狗民网都在致力于打造完善的物流体系。而且在发展前期，都通过在运费方面亏损的方式提升用户的最后一公里体验。

·通过增加品牌数量和扩充品类增加重复购买率。以铁血网为例，从开始的M65专营到现在已经扩充了服装、鞋靴、眼镜、包、表、望远镜等十余个大类。因为军衣一般厚重耐穿，不属于快消品，但通过这种扩充品类的方式，不断发掘客户的各方面消费需求，增加了用户的重复购买动作。

再下一城

并非所有的垂直社区都适合做电子商务，不同社区的变现方式也不同。垂直领域的市场潜力决定了垂直社区电子商务的路能走多远。铁血网经过持续4年的高增长阶段，增长速度有逐年下降的趋势，他们需要通过拓宽业务保持增速。目前，铁血君品行每月新用户增长率为67.90%，注册用户沉默率为51%，随着社区新增用户群体越来越年轻化，因为受限于消费能力，他们尚不能成为铁血君品行的主要消费群体。如何保持论坛持续或者说递增式输送更多的消费群体到电子商务的平台？面对更激烈的市场环境，如果选择自创品牌以及产品线延伸到其他行业，意味着承受更多的成本、更大的供应链压力，最重要的是能否获得现有军事迷客户的认同？这都是铁血网亟待考虑解决的问题。

母婴小品类的破冰

因为需求旺盛，母婴市场爆发力巨大，但如何在成熟的供求市场中“生造”一个新需求，则要考验企业的眼光和实力了。

包小芳

继 2012 年 9 月苏宁宣布收购“红孩子”后，2013 年 1 月又传出国美在线与母婴垂直电商品牌“亲亲宝贝”达成战略合作，花 10 亿重金打造母婴频道的消息。电商巨头们抢滩母婴市场显然不是头脑发热所致，母婴市场虽不及女装、鞋类市场大，但是利润可观，且上升空间巨大。据艾瑞咨询数据显示，2012 年母婴产品网购市场规模达到 610 亿元，相比 2011 年的 328 亿元增长了 86%。

打造一个新的市场，培育新的市场需求远比按市场需求去做产品难。电商们抢滩母婴市场，也都是冲着现有的市场需求去的。在淘外，电商们的母婴之战多是平台之争，而在淘内，3 金冠的“嘟嘟爱”、4 金冠的“朵朵云”等母婴店铺产品无不囊括婴儿吃喝玩乐各个小类目，靠拼品类制胜，而“亲亲我”却尝试用一款新产品去实现母婴品牌突围。2010 年 7 月入淘，2012 年 1 月到 12 月初该品牌在淘内的整体销售额已达到 4000 万元左右。

以小博大：站外社区造口碑

作为母婴类目下的一个细分新产品，“咬咬乐”这种婴幼儿辅食工具并不被市场所熟知，要在成熟的母婴供求市场，培育消费者对这款产品的需求，并让需求成为常态，并不是一件容易的事。

据相关调研数据显示，目前80后甚至90后正成为年轻妈妈的主力群，85%以上的80、90后妈妈们喜欢上网，并青睐网上购物。她们乐于分享，喜欢泡在各个社区、论坛分享育儿经验，同时也更追求口碑和性价比。于是，产品推出之际，该公司就瞄准了网络推广，深入各个社区、论坛，打入妈妈群，公司还为此专门设立社区维护团队，从事社区的宣传推广工作。

从最初的2010年在母婴亲子类的博客上推广，到目前为止，该品牌的推广渠道包括：综合类推广渠道，如新浪微博、腾讯QQ空间、微信；母婴垂直推广平台，如太平洋亲子网等。在不同的社区平台上根据用户群策划不同的主题活动，例如：产品试用、包装意见征集、母亲节圆梦活动、亲子装DIY活动、美食总动员等。通过这样的形式，为妈妈们搭建育儿交流平台的同时，也为她们策划一些好玩、新奇的活动，让妈妈们在活动中了解品牌、熟悉产品，甚至可以在活动中发掘产品更多的独特功能。

通过口碑传播能给产品带来很好的影响，但在急速扩大的母婴市场中，要更加快速地抢占市场，必须加速这种产品传播效应，让更多的人知道这个产品。因此，品牌商还需要去催化这种口碑传播的良性效应。

网络红人、大号的传播力度总是高于普通网民，因此，在社区、论坛推广中，该公司推广部门会选择与一些红人、大号合作。合作的内容主要为软文推广：一方面，可以把自己包装好的软文转交给大号发布；另一方面，也可以将产品赠送给她们免费试用，再由她们写一份好的试用报告，发布在论坛、社区里面。软文的费用在300~1000元之间，内容好的费用会更高，但是好的软文依然一票难求。

软文推广、活动宣传等，看起来热热闹闹红红火火，但其品牌推广负责人张朋飞坦言：淘外推广开始的时间并不短，但淘外推广不像淘内直通车、钻展等成体系，有精准的数据分析每一场活动、广告投入带来的产出。淘外推广最大的难点在于投入产出比难以预估，一场活动下来，品牌商只能通过用户的互动热度、参与人数等来估计活动效果，很难获得准确的数据做效果分析。

在流量金贵的今天，淘外的流量越来越被卖家重视。但由于淘内的用户更为精准，而淘外社区、论坛的推广转换到淘内的过程必然会损失一定的流量，因此ROI并没有淘内推广来得高，目前该公司在淘外获取的一个点击用户费用为1~2元，一个购买用户费用为10~20元。

砸钱推广，总得知道效果如何。为了解决淘外推广效果评估的问题，“亲亲我”目前开始尝试在社区的软文、微博后面附加上短链接。这些链接的地址并不是直接链到店铺内，而是淘宝客的地址。通过收集淘宝客的数据，再去分析推广的效果。尽管这样的方式可以收集到点击的数据，但显然很难做到全面、精准。

富二代入淘，铺货覆盖消费端

"亲亲我"的前身是传统出口型企业香港富康集团，帮助国外品牌如Disney、Gerber等生产加工OEM贴牌产品。2007年，集团开始将目光转向国内市场，并自创了适合国内市场的"亲亲我"品牌。

拥有供应链优势的"富二代"入淘，当然不满足于简单的开家旗舰店销货。2010年7月入驻天猫，该品牌旗下两家直营店的年销总量在500万元左右，显然并不算多。据其品牌负责人张朋飞介绍，从入驻淘宝开始，他们就没有选择单店打拼的方式，而是走分销路线，直营店更多的是做品牌形象，做产品试卖的功能，分销才是大头。

入淘之初，该品牌便开始建立分销体系，除了品牌旗舰店外，更多的寻找"朵朵云"等淘内母婴类大卖以及为数众多的中小母婴卖家合作。借助这些店铺的用户基础，迅速铺开销量抢占市场也就成为可能。

该品牌选择寻找淘内皇冠以上、知名度较高的母婴用品店铺合作，将咬咬乐产品批发给这些店铺进行销售。目前，该品牌合作网店数量已近200家，其中与母婴类80%的金冠级卖家达成合作，如四金冠"朵朵云"、三金冠"爱婴小屋"、二金冠"广州QOQ"等。另外，加入分销代发货的店铺达到160多家。

而旗舰店的定位确定在三方面：一是品牌形象展示，从产品质量到店铺描述的展现形式上，做好规范，不与合作网店争抢市场；二是收集消费者信息，优化产品功能、描述，提升用户网购体验感；三是了解合作网店的真正需求，如每次促销活动前，事先在旗舰店展开，收到效果以及注意到有哪些问题后，再广泛推荐给合作网店。

与所有线上线下同时销售的品牌商一样，“亲亲我”也要解决好线上线下的渠道冲突，为了避免双方的矛盾，其规定除了网络特供款外，线上线下产品销售价格必须相同。这一规定对网店而言，价格毫无竞争力，要与这些合作网店取得较好的合作关系，少不了采取一些其他的优惠措施：一方面，为合作网店引流量，例如联合合作网店开展活动，购买钻石展位等引流至合作网店；另一方面，若合作网店做相关活动，为其提供一定比例的推广费用；另外，像“朵朵云”这种流量较大的合作网店，如果在店铺内挂“咬咬乐”的 Banner 图，也会为其提供一定的费用，或者一定数量的产品。

通过各个母婴店铺的销售，“亲亲我”几乎垄断了淘内的“咬咬乐”品类。借着这一单品爆款提升品牌知名度，该品牌开始着手婴幼儿湿巾、奶瓶等的品类扩张。

第六章　怀梦想，新手起步飞跃快

▲全国的美容院线化妆品基本都在广东生产，大家贴不同的牌，OEM 的。说白了，都是本地土鸡换了洋包装，然后被哄抬出国际价格。

▲开网店，可以自己进货自己卖，也可以帮别人做分销，以分销积累经验，看励志版媳妇如何熬成婆。

▲一直以全渠道运作的传统品牌商初登网销渠道，如何在新渠道留名?

▲一个曾经游走在硅谷、加州伯克利大学、贝恩咨询这些名企和名校之间的人，转身投入淘宝，她能否继续她的成功?

▲趁着尚未毕业，趁着还年轻，趁着还能经历失败，小斯决定走出象牙塔，去市场练兵，淘宝是她最好的选择。

▲勇气或许是最好的药，激发出耗子的闯劲，虽然不断面临快递、货源、招人的坎，但他更愿意相信未来，继续勾勒自己的梦想。

化妆品行业不能说的秘密

全国的美容院线化妆品基本都在广东生产，大家贴不同的牌，OEM 的。说白了，都是本地土鸡换了洋包装，然后被哄抬出国际价格。

陈媛媛

名词解释

OEM：即贴牌生产，俗称“贴牌”。英文表述为 Original Equipment Manufacture，简称为 OEM。品牌生产者不直接生产产品，而是利用自己掌握的关键的核心技术负责设计和开发新产品，控制销售渠道，具体的加工任务通过合同订购的方式委托同类产品的其他厂家生产。之后将所订产品低价买断，并直接贴上自己的品牌商标。这种委托他人生产的合作方式简称 OEM，承接加工任务的制造商被称为 OEM 厂商，其生产的产品被称为 OEM 产品。

2006 年大头初中毕业，那年暑假他以一名“童工”的身份去了一家 200 台电脑的网吧当网管。“200 台电脑啊，几乎 24 小时都在出问题，我吃睡都在网吧了。”大头说。那年暑假 18 岁的大头拿到了 3600 元的工资，这笔钱在一个少年的眼里真是巨款，如果不是父母一定要他去读中专，他可能不会继续读书了。

2010年的6月大头中专毕业，再一次违背了公务员父母的期望，没去参加公务员考试，而是选择了做一名前途莫测的淘宝掌柜。

就做化妆品吧，人们每天都在用

到底选择哪个类目切入是许多淘宝新手在开始万里长征第一步时艰难的抉择，而大头毫不犹豫地选择了“美容院线化妆品”这个行业。这个决定来自两个方面的原因：其一，化妆品南宁有货源和优势；其二，大头深受淘宝第一店“柠檬绿茶”的影响，他同样认为“化妆品属于易耗品，人们每天都用”。

美容院线化妆品，这个披着神秘面纱的行业，其中隐藏了巨大的行业秘密与暴利。不要被市面上品类繁多的打着所谓这个“妮丝”那个“缇娜”的洋名字迷惑，全国的美容院线化妆品基本都在广东生产，大家贴不同的牌，OEM的。说白了，都是本地土鸡换了洋包装，然后被哄抬出国际价格。产品厂家供货给省级代理的时候均价是4～5折，而终端客户被盘剥得最厉害，最低按厂家指导价的1.3倍卖，最黑的店家会卖2倍价。厂家指导价美容院一般不会给客户看。现在很多精明些的消费者选择在网上购买，去门店做美容，这个时候门店常常告诉你网上都是假货。

大头是带着几年做“童工”的两万元存款开始做淘宝的，这笔钱对现在淘宝上许多携重金厮杀的人来说，真是不值一提。然而这就是最典型的草根式淘宝创业模式：“我没有很多钱，但是我自认身手矫健”，一些新手靠着自己的轻功，踩着凌波微步快速前行。大头的化妆品店，不压货，不设仓库。他靠着一张三寸不烂之舌，跑去广西的省级代理那儿，给人家画了一个饼：我虽然刚开店，但是我给你保证就在 2011 年，我每个月从你这里走 10 万的货。画饼成功，省级代理给了他很低的供货价，还接受了货款月结。

不要跟大 C 硬碰硬，小卖家做服务

大头现在有 3 名客服，对于一个 2 钻小店来说，他在客服设置方面好像有点过于奢华。然而大头说道：做美容院线化妆品，客服基本上就是一个美容导师了，我的每个客服，都送去美容学校专业培训过，网上开店，我只能用专业的客服来留住消费者了。三个客服从开业到现在一个都没有流失，这个秘籍是什么？还是画饼。大头给小姑娘们承诺，2011年我们肯定能做到每月10万销售额，届时每人2%的绩效提成。靠着给员工又一次“画饼”的形式，大头的店里三名客服姑娘大有“我为老板，老板为我”的劲头。

给供应商画饼，给员工画饼，大头解决了上游的压力，但是一个“新来的”怎样在高手如林的江湖中生存下去？他没有办法跟已经做大做强的同类目的大C卖家拼价格，只能拼服务。消费者在淘宝的网购体验中会发现店越大，客服反应速度越慢，大头对自己“2.1秒”的询问反应速度很满意。在客服非常忙的时候，大头亲自上马，男人怎么做化妆品的客服？他遇到过不少天雷滚滚的事件。

买家：你们的乳房按摩乳，应该怎么使用？

大头：亲，请等一下。（迅猛跑去翻商品指南）亲，这款产品你要在早晚两次分别涂抹在乳房上，然后……

南宁，是一个被网商抛弃的城市

大头是广西人，他的网店现在开在南宁。“南宁，是一个被网商抛弃的城市。”大头非常无奈地说道。别的城市，例如江浙沪、珠三角发往外地的包裹均价在5~8元每件，而南宁因为网商太少，物流达到8~10元每件。物流成本和货源无优势的原因造成了南宁稍具有一点规模的网商就出逃去发达地区的局面。然而大头在自己未来5年的规划中一定确定以及肯定，自己会坚守在南宁。他说只有当地网商都不再出逃了，才能形成良性的循环。大头说接下来他要多出去跑动，跟网上一直学习、共享的其他卖家见见面，当面勾兑网商经验。另外大头还在自学会计学原理，他说：我不去学校学，都是应试教育，我自己学比老师教得更快更实用。

我们无法判定这个仅25岁的青年是否会坚守自己的承诺，给员工股份及守在故乡，因为电子商务的变化是光速的，它的变量变数跟“缘分”这种东西一样无法预测。但是我们可以看到这个沉迷数据，热爱学习的青年正在努力地走得更快，走得更远。

分销媳妇熬成婆

开网店，可以自己进货自己卖，也可以帮别人做分销。新手以分销积累经验，看励志版媳妇如何熬成婆。

王晶菁

9 月 30 日，菜菜在“菜鸟群组”里开心地宣布，自己的女装小店“舍 517”荣升 3 钻。从 5 月开张至今，熬过了黑色的前三月，客源渐渐稳定，揪着的一颗心也终于放下了。虽说有货源优势是开网店的必备条件之一，但菜菜还是用实践证明，只要肯下功夫学习网店的运营法则，做分销也一样能成功。

和很多自己进货发货的卖家不同，菜菜的网店之路走的是分销的模式。虽然做分销多少有点“为别人做嫁衣”的味道，但不用担心货源，也不用管发货，反而有更多的精力放在店铺装修和客服上。而且随着店铺信誉的提升，供应商也更加重视，菜菜说：“现在已经不是供应商挑我，而是我挑供应商啦。”菜鸟新手以分销积累经验，看励志版媳妇如何熬成婆。

菜菜的故事

每个励志版故事的开头总有一些心酸。2007 年大学毕业，菜菜在深圳找了份工作，和大多数女孩梦想的那样成为一名都市 OL。但两年后，接到家里来电，父亲病重需要她回老家。为父亲治病花掉了家里所有的积蓄，而家里也需要人照顾，菜菜决定不再出门工作，选择留在父母身边。她想到了开网店。

菜菜说那时候她除了一颗想做淘宝的心，其他什么都没有，没货源，没资金。老家湖南益阳南县是个小县城，很难有可靠的货源。线下没有她就在网上找，后来知道淘宝开通了分销平台，正适合自己这样的“双无”青年，但是要有最起码的网店运营水平。还好菜菜之前学的是电子商务，也算有点基础，一入门就混迹淘宝大学，学习相关的网店运营知识。后来，她在分销平台上看到一家销售自己喜欢的服饰风格的网店，查看各项条件后也都符合，唯独店铺等级不够。对方要求 5 心，而菜菜的网店还只是 2 心。

故事到这里当然还不算完，这点小困难可难不倒菜菜，“当时我耍了点小聪明，找他们客服聊天，就说自己很有信心做好分销，自己也学习了很多。如果他们还是觉得不合适的话那就做批发，这样对他们也没损失。”就是凭着这份毛遂自荐的勇气，菜菜谈下了第一次的分销机会，第二天对方就对菜菜开通了分销商权限。

卖家说

供应商在挑选分销商时都有一个招募条件，一般有信誉、主营类目、在线时间和好评率的要求。有的供应商自己店铺生意不错，上来就要求分销商信誉3钻或是4钻的，满不符合实际的。你想，一家3钻的店还会做分销吗？像我这样，3钻全是靠分销第一家的衣服做起来的，已经合作很愉快了，很难换别家，除非供应商的政策好、出错率低、利润高。

“黑色三月”的磨合期

卖家都会将开店前三个月称为“黑色三月”，没流量，转化率低，生意只能靠等。菜菜说这段时间急也急不来，只能学习、积累，她是到了7月份才有了起色。在这段时间菜菜最多的还是琢磨如何将分销的产品做出自己的特色。

“做分销上产品很简单，只要在后台点击上架即可，但是你在做分销其他人也在做，为了有区别就要修改标题、编辑内容、调整差价等。”菜菜说，她平时看到和店铺宝贝类似的街拍图片都会保存下来，然后贴到店铺的宝贝详情页，给消费者做搭配时做个参考。供应商对于宝贝的销售价格都有一定的标准，分销商可以标高，但不能低于最低零售价，这个可以根据卖家自身的实际情况来标。

做分销毕竟是两家的合作，有摩擦在所难免，菜菜也表示合作过程中，容易出现问题的还是在商品库存、物流等环节。和买家的发货、退货、换货都是由供应商完成，所以事先要和供应商确定退换货的地址，一旦出现要退换的情况就把地址告诉买家，并让其在包裹内注明订单号码等细节。有些买家会要求使用他们想要的快递，但供应商并不一定支持所有的快递，这就要求分销商在售前就让买家知道店铺支持哪些快递，不能发到的统一用 EMS。“比如我们店默认的是申通，有个买家就留言要圆通，我看到订单后就打电话给买家问能不能换，只要售前将细节服务做好，售后能减少很多麻烦。”菜菜说，做分销最主要的是细心，尽量将一些问题提前规避。

卖家说

做分销最怕的就是买家拍下后，供应商通知没货。一个好的供应商库存要很准确，这样才能给分销商减去很多压力。此外，供应商不宜有过多的打折活动，如果一些资源不和分销商共享，我们很难放手去做。

从被选到挑选

眼下刚好是销售旺季，菜菜说店铺进入 10 月份销量就有所上升，近两个月的利润都在四五千左右。虽然做的是分销，但店铺推广还是需要的，她正准备这个月开始用直通车，之前的流量都是靠自然搜索而来。“我的价格是中等偶尔偏上，客户搜索流量大部分来自标题的优化。”她表示做分销最基本的就是要懂得标题的优化。此外，后期店铺加入了“女装细节”，流量又提升了不少。

菜菜介绍，供应商会根据分销商的营业额来划分等级，不同等级的分销折扣不同。最近由于她的店铺销量好，又升了一个分销等级，菜菜直言现在的待遇都不一样了：“以前我供应商的老大从不和我说话，现在有新品什么的都会通知我。”现在，菜菜有 4 个供应商，但是只上了 2 家的货，其他 2 家因为没有达到“女装细节”的要求，所以没有上他们的货。菜菜兴奋地说：“为了店铺今后的发展，我也要对供应商有所要求啦。”

半年过去了，菜菜对于店铺未来的发展以及自身的目标也有了新的考量，做分销可以节约时间在店铺管理等方面，但劣势就是没有太多的自主性，想要申请活动也不一定能申请下来，总感觉命运掌握在别人的手上。但现阶段，她还是会继续将女装店做好，积累经验和资金，等到资金充裕后考虑去湖南长沙自己找货源另开一家店。菜菜说，她的梦想还是能有个专业的服装设计师和自己一起整出来一个淘品牌。而爱折腾的她最近又开始忙碌起“淘画报”：“我觉得淘宝是个自学的天地，一边学一边玩很有意思，忙得我不亦乐乎。”

新手有话说

对于准备做分销的卖家最重要的一点就是选好供应商，一旦这个选好了以后会少很多麻烦。我选女装的供应商是有固定要求的：

1. 支持7天无条件退换货；

2. 全部实物拍摄（而且照片一定要拍得好），有模特实拍就更好了；

3. 品质要好，10~30元的零售价格产品基本可以不做了，虽然客户明明知道自己买的是便宜货还是很多人给你来个中评（哎，那衣服就值中评啊）；

4. 库存要准确，主打宝贝的库存稳定（此项是重点）；

5. 发货速度要快（24~48小时内发货，最好是当天发货）；

6. 宝贝介绍尽可能地详细。分销商要看着供应商的介绍给客户推荐产品的，不能尺寸不全、描述不全，搞得你经常要去问供应商（所以细节图很重要）；

7. 供应商的销售价格不会经常有大幅度的变动。如果供应商经常做活动，最好能够让分销商共享活动的价格，不然供应商卖40元你这还标价卖70元，很尴尬。

自己做与做分销优劣势对比

	自己做	做分销
优势	利润高； 活动灵活，自主性强； 对产品了解。	无库存压力； 节约时间用于提升店铺管理、宝贝优化、接待客户等； 有更多精力了解同行及每一个宝贝的趋势。
劣势	承担压货风险； 自己拍摄宝贝编辑上传等； 费精力。	利润少； 活动难申请； 自主性差。

护肤品黑马，新手凶猛

有资金，促销活动中经常看到其身影；有团队，每一步都走得底气十足。一直以全渠道运作的传统品牌商初登网销渠道，如何在新渠道留名？

8 月 9 日，电商资深爆料者龚文祥在微博发帖，淘宝商城又出黑马，“一叶子”才上线几个月，就在商城护肤类目店铺排行挤进了前 5 名。一时间，同行、专家、看客、阴谋论者、水军纷纷出动，讨论得好不热闹。

一些人好奇，毕竟是用在脸上的产品，还不怎么知名的新品牌竟然能卖得这么火？一些人肉疼，“一叶子”上钻展上越淘越开心上聚划算，这得烧多少钱啊？一些人上进，直接“求操作手法，求解决方案，求 PPT，求人才，求内幕……”。当然也有人担忧，前期促销力度这么大，后续能不能收得回来还是个问题。而在纷杂的艳羡和质疑之外，一个事实是成立的：“一叶子”短时间成功出位。

值得探究的来了，出位背后，操盘团队何许人？作战方案如何把控？

DNA：化妆品传统品牌

“一叶子”品牌目前所属公司为上海東美化妆品公司，背后的总公司是上海韩束妆业。韩束创建于 2002 年，据创始人吕义雄介绍，韩束旗下有 17 家子公司，主要做化妆品，有 6 个护肤品牌，且在苏州有自主研发的化妆品生产基地，全年总销售额以10亿元计。

全渠道运作

10年时间，韩束向着全渠道路线发展，涉猎百货商超、专营店、邮购，电视购物、广告、电视购物等多个渠道，在上海日化领域颇有名气。单是电视购物渠道，除东方购物外的5个国内知名渠道，韩束旗下的化妆品都占据销量的头牌。而2011年，仅电视购物这一个渠道，韩束的销售额就有望突破4亿。

2002年，24岁的吕义雄已经在西安做了三年国际品牌化妆品的经销商。因为萌生自主创业的强烈念头，同年来到上海开办自己的企业，也就有了后来的韩束妆业。几年积累下来，韩束的化妆品代加工做得风生水起。而随着电商渠道的威力壮大，韩束合作的化妆品B2C也多起来，圈内大热的凡客、乐峰网都是其客户。

涉足做网销品牌

虽然韩束已经通过化妆品代加工商的身份跟电子商务扯上了关系，但真正花精力去做一个网销品牌，吕义雄却是在2010年底才做的决定。

这位至今不会使用电脑的老总，2010年8月从一个电视访谈节目“财富人生”看到了新的试验田——网销渠道。那期淘宝卖家访谈的主角是上海“绿盒子”吴芳芳和“后构想”女装设计师徐巧芸。看了那期节目，吕义雄觉得做淘宝的时机到了。“觉得淘宝在转型，未来企业运作的商家会得到更大发展。大家都往这个方向走，商家为了线上发展会自发开始梳理线下渠道，会共同去维护一个电商环境，这样才有共同的未来。”

有品牌运作经验、有积累了足够多的产品配方供精挑细选、有生产基地保障供应链。唯一陌生的是，这次不能走以前熟悉的渠道，要完全从网络渠道打响头阵，“一叶子”能像它的名字一样生机勃发吗？

招数：概念、资源、打折

和大多数护肤产品一样，“一叶子”的品牌故事写得芬芳而抒情，并强调了自己“根植澳大利亚”的地域属性。而事实上，作为韩束新推出的品牌，“一叶子”和已经驰骋淘宝有些时日的芳草集和悠语一样，主打天然植物护肤理念。如果非要说区别，“一叶子”首个轰炸网上消费者的系列更倾向于花卉护肤。

♡概念先行

“一叶子”淘宝专营店卖得最好的产品是一款花卉爽肤水，晶莹的瓶子里面摇曳着植物。截止到 2011 年 8 月 13 日，这款产品热销 6103 瓶。可见，这种“看得见花瓣”的液体，从概念上赢得了青睐。

充满诱惑力的文案和漂浮在精美包装瓶里的植物，让消费者对这个新品牌的印象不错。而“一叶子”之所以能短时间在淘宝消费者眼中、心中留下较深刻的印象并让其愿意掏钱购买，那就不得不提“一叶子”的两大招数：广告轰炸+大力度折扣。

♡要资源，先经得起考验

“一叶子”在淘宝的起点，可以说是试用中心。但之所以结缘，要归结于其把握住了机遇。

2011 年 5 月，试用中心启动了首期进厂试用模式，希望从线上走到线下，实地考察优质商家的供应链环节。当时小二联系了 20 位大卖家，“一叶子”并不在范围之内。但因为其中一些商家在配合上出了问题，“一叶子”幸运地作为候补得以参与。从被通知参与到实际进厂，期间只有 7 天时间。靠团队快速的反应能力和苏州生产基地的配合，“一叶子”最终在 5 月 28 日迎来了草根试客、试客达人、淘女郎、淘宝论坛红人、淘宝美容频道主编一行人，成为了第一家进厂试用的厂家。

试用活动之后，“一叶子”不仅收获了淘女郎们的倾情推荐，也得到了小二们对其供应链的认可，为后来 6 月 8 日聚划算、7 月 1 日年中大促砸钱做硬广等动作做好了铺垫。

一直走全渠道模式的韩束掌门人吕义雄，同样不会让“一叶子”在淘宝网店单打独斗。他与嗨淘网“越淘越开心”栏目进行战略合作，6 月 4 日，“一叶子”夏日控油系列产品植入了当天“越淘越开心节目”，成功拉动店铺流量，在嗨淘网打造了一款销量超过 3000 件的小爆款。最重要的是，电视节目大大提升了消费者对产品的认可度。

♡没有折扣，一切都是浮云

参加淘宝的很多活动，打折是不可避免的。而同时，鲜明的折扣也帮助“一叶子”迅速打开了销量。除了舍得花钱在线上、频道、美容节目各种渠道砸广告之外，店铺业绩还来自于其精明的宝贝定价。定价 100 元左右的产品，实际销售价格都在 70 元左右，是消费者愿意掏钱的价格区间，再加上各种平台的推荐，让消费者有一种“用很低的价格买到了大牌”的感觉。

日本电子商务公司的获得新客人的 KPI 是 CPO（广告费除于客人数，即获得新客人的成本），所以日本初次销售的试用装比较多，不大重视第一次购买金额。而从一叶子目前的运营思路来看，他们也更倾向于以低价格门槛来获取大量用户，降低 CPO，让越多客户享受到产品越好。

这种策略带来的后果，如果返客率不高，就显得急功近利。更何况，首批靠折扣价格吸引过来的客户，以后在产品想要溢价时会不会有大量流失？但吕义雄却一副成竹在胸的状态：“做好产品和服务，让这批客户的体验好，流失率不会太高。今年 10 月，‘一叶子’会开始慢慢恢复价格，会通过买赠、减少买赠频率的步骤逐渐提价，同时，‘一叶子’也会开始出现在我们擅长运作的渠道上。”显然，运营方希望通过增加网络分销、电视购物、地面商场等渠道，弥补钟情低价的客户流失并扩充新客户。

黑马：准备亏三年

“一叶子”产品从概念到上市用了 90 天。2011 年 5 月中旬进驻淘宝商城开始试运营，到 7 月，月销售额突破 100 万元，8 月第一周更是在成交笔数上位居护肤类目单店成交第一位（周成交 6313 笔）。就像很多同行讨论的，“一叶子”确实可以算是一匹护肤品类目下的黑马，虽然，吕义雄说这是以亏钱为代价。

6 月开始，“一叶子”每月上一次越淘越开心，每次消耗 20 万元。从现有效果来看，吕义雄以后会逐渐加密上节目的频率。同时，他开始跟国内同类型平台“美丽俏佳人”商谈合作，未来不排除冠名节目的打算。

吕义雄说自己有宏伟的三年计划，如果未来三年亏损3000万，“一叶子”能开始盈利，就是合理的步骤。而眼下，店铺先冲过月销售额300万元再说。

记者手记

创业以来，吕义雄有一个厚厚的笔记本，上面是他亲笔抄写或者撰写的诗句。他对于细节上颇为研究，无论是泡一杯茶还是说一句话。

接触过“一叶子”之后，会清晰地看到资本的好处。频繁的活动，不停的折扣，暂时却不用担心生存问题。当然，有钱固然好，有一个会花钱的团队更重要。目前实际操盘“一叶子”的团队是杭州优玛贸易公司，优玛成功操盘过品牌“金珀莱 ”。熟手操作+充足资源+前端和后端的资源结合，电商新品牌要想出头，真需要两把刷子！

自有节奏的创业

一个曾经游走在硅谷、加州伯克利大学、贝恩咨询这些名企和名校之间的人，转身投入淘宝，她能否继续她的成功？

颜思思

“一个喜欢‘戛然而止’的朋友，工作突然戛然而止辞职就去伯克利上学了，毕业后戛然而止就海归了，在大咨询公司做咨询戛然而止就辞职了，现在反而求小地搞了个淘宝店。”旅美作家毛豆子笔下的这位朋友就是彭华，一个曾经游走在硅谷、加州伯克利大学、贝恩咨询这些名企和名校之间的人，却在2011年2月12日，一个华丽转身，成为一家叫Bnext Fashion女装的掌柜。这家定位于女性白领的店铺，单品300～400元的定价远高于欧莎。

然而，她的入场是一副慢悠悠的状态。初入淘宝，她控制风险、控制规模、甚至控制了发展的速度。当Zara、H&M等快时尚的鼻祖席卷全球，当所有人为之欢呼雀跃，当绝大多数淘宝卖家言必称快时尚时，彭华求稳、求慢的选择在电商这个快鱼吃慢鱼的氛围里显得有些格格不入。

出走职场

十多年的职场历练，彭华虽说不上阅遍世间成败、看尽商圈百态，却也早已褪去了少年之轻狂。不容否认，握在手里的资本，让她无须再用最快速度的成功来证明什么。她可以真正沉下心来适应和规划自己的另一个旅程。

啊！你说那星条旗是否会静止，
在自由的土地上飘舞，
在勇者的家园上飞扬?

这首《星条旗永不落》和那个《北京人在纽约》的故事就像《圣经》一般传诵在心怀美国梦的人心坎里。十几年前，彭华也一个猛冲扎进赴美激潮中。毕业进入硅谷，人生的这个衔接很完美。初入职场总显得不那么安定，那时的她以一年更换一份工作的速度扫荡在硅谷各创业型公司之中。硅谷，这个位于加利福尼亚州北部的狭长地带，走出过张朝阳、李彦宏这些IT界的风云人物，然而这里却留不住彭华，她悄悄潜回校园，在思想交汇的源头思考着职场之路的重塑。

在美国多年，她抹不去那股身在异乡为异客的感觉，越来越觉得这个没有儿时气息的国度，生活有些枯燥。而太过成熟和高度职业化的美国市场，似乎也少了一份一切皆未知的冲击感。美国梦似乎开始渐行渐远。在那一刻，突然间的一个念头打动了她：回国，回归她曾出走的原点。中国的职场陌生得让她有股莫名兴奋。管理咨询的挑战性契合了她那不安定的内心，似有宝黛初相会时的相见恨晚，于是，她在贝恩管理咨询公司一待便是六年。

如果故事就这样继续，她将一如既往地裹着“成功”、“金领”的外套延续她没日没夜的工作和加班。然而，这一幕又一次戛然而止，更令很多人跌破眼镜的是，她的下一站却驶入了淘宝卖家的列队中。做这样的选择背后却是一个平凡到曾在很多卖家身上都出现过的转折：从资深买家化身卖家。身为一黄钻的淘宝买家，彭华对网购市场有着强烈的偏爱，而在贝恩接手的项目中也曾研究过零售服装行业，这更让她觉得网络渠道拥有得天独厚的优势。于是，当彭华感觉在一个行业到达一定程度，很难再吸收到新鲜养分时，出走成了必然，而淘宝卖家这个身份也成了水到渠成的选择。一切如此顺其自然，却又如此出人意料。

慢速起步

站在创业崖壁边，彭华犹豫过，思考过，但深入骨髓的系统规划思维在她身上自动开启。于是哪管周围对手火速前进，她，自有节奏。

交响曲中有《欢乐颂》那样热情充满希望的曲调，有《命运交响曲》开头喷涌而出的震撼旋律，也有流畅行板中，低音提琴在背后不易察觉悄声拨弹的音律。如若将淘宝创业看似一曲交响乐，那么彭华的淘宝之路更像后者，没有凌厉的攻势，悄声中自成曲调。

2011 年进入淘宝，很多人都说晚了，错过了最好的时代，彭华并不否认这样的说法。“人傻、速成”的快速以及莫名成功的淘宝年代已经可以录入史书。如今，风投已然浩浩荡荡杀入电子商务，动辄千万甚至上亿的资本投入这个热气腾腾的市场。每个人都急着在这里分一杯羹。躁动的氛围几乎让每个新入卖家都盼望“一日冲冠”的神话降临自身。或许是六年咨询生涯的浸淫，很难在彭华身上找到丝毫狂热躁动的气息，系统规划的思维深入了她的骨髓。

在她看来，网店的低门槛让进入电商圈子的人越来越多，竞争不言而喻更为激烈，不过也正因如此，网购的影响开始波及更多人群，这也意味着这个市场将从草莽走向主流。原本由学生主导的网购消费人群中，渐渐也出现了中产白领的身影，而这群对时尚有着要求，又不愿意总是花大价钱买名牌服装的公司白领正是彭华针对的用户群体，她的定位很精准也很清晰。多年咨询工作的洗礼，尤其是那些涉及消费者行为的分析项目，让她学会了拒绝诱惑。她并不会为了盘子以外的商业机会让自己的生意变得零散，在她的理解中，更为重要的是为消费者提供什么样的购物体验。虽然定位这个词，早在二十多年前就被人反复咀嚼，没有人会否认它的重要，然而对于新入淘宝的许多卖家来说，精准定位可望而不可即，服装卖家两眼总会盯着鞋子，甚至化妆品，鞋子卖家也不忘顺带销售几款包或衣服……生怕错过了赚钱的机会。

当然，在开店之初，彭华也曾犹豫过，究竟是打造原创品牌还是从代理起步。只是在研究分析了市场之后，她才下定决心先做代理。她算过一笔账：找代工厂加工每款产品的量至少在500～1000件之间，而开一家像样的网店大致需要100款产品。这样算下来，原创品牌对于资金要求高。再加上服装是季节性产品，对于库存的把控显得格外重要，风险自然也就更高。抱着一开始不猛烈投入资金的想法，彭华目前并没有开始做系统的营销推广。现在店铺主要靠着自然流量支撑着，顾客也多是她相熟的同事和朋友。不过名人背书的效果开始显现，虽然彭华并没有统计过毛豆子那条微博带来的流量，一位买家的留言还是让她感受到了微博营销的力量。

投石问路

电子商务的前端玩法，彭华并不熟悉，加之受限于人力，她的步子不大。然而，缓慢却为她争取了走顺流程的时间。

开店至今，短短2个月，“Bnext Fashion”的发展速度和那些一月一钻的新手卖家相比逊色许多，然而彭华并不着急。十多年职场的摸爬滚打，让她看清了公司普遍的成长过程，曾经那些在大企业任职的经验也让她能够明确知道下一步要如何把握和规划。在她的工作计划中，第一年的关键词是“稳”。稳定的货源、稳定的客户群、稳定的资金流。流程走顺了，成功率自然就会更高。对于她来说，2011 年是投石问路的一年，她需要摸索。推广需要到什么样的程度才能既满足店铺成长的需要，又不至于伤害未来的发展？如何使用直通车才能够最有效地提高流量？300～400 元的定价是否合理？这一系列的问题她选择在尝试中不断优化。走顺流程后的世界是她熟悉的，代理国外品牌、自创品牌、OEM 或者 ODM，她未来的选择很多。

然而，她的困境在于当下。即便精准地定位于公司白领，这个细分市场也早已围绕着一批先行者，像欧莎、小虫米子等。虽说她们未必遭遇面对面的竞争，欧莎无论从定价还是风格来说，与彭华锁定的白领亦有区别，而小虫米子则带着更多的潮元素，并非完全贴合女性的职场需求，只是当越来越多人开始关注那批有一定经济实力的网购消费者时，分食这块蛋糕的人也会更多。君不见，淘宝墙外意在争夺高质量消费者的奢侈品 B2C 网站、百货龙头如银泰网都已经磨刀霍霍杀进这个网购行业，彭华作为后来者想要突围并非易事。电商、服装零售行业经验的缺失，以及做事太过追求系统规划，不得不说是她的短板。

两个月的时间无法用来判断未来的走向，过去丰富的经验也未必全都能和电子商务形成完美的链接，成或败或许交托给时间来评论才更有依据。

学院派的试错过程

趁着尚未毕业，趁着还年轻，趁着还能经历失败，小斯决定走出象牙塔，去市场练兵，淘宝是她最好的选择。

王晶菁

打开南瓜谷的网店，仿佛进入了一个时尚买手的博客，剪辑精良的Lookbook，一排排展示着不同的服装系列。或以色系区分，或以风格界定，所有的这些服装都由一位身材适中，黑发红唇的模特展示，她就是南瓜谷的店主小斯。

别看摆起POSE来有模有样，其实小斯还只是位大三的学生。从小她就喜欢翻箱倒柜拿出漂亮衣服对着镜子比划，这其中的乐趣犹如挖掘宝藏一般惊喜万分。长大后能进修服装设计专业，让小斯觉得很幸运，可以继续编织童年时的梦想。但随着自己对服装设计的深入，她也开始疑惑，自己觉得好看的衣服，其他人会喜欢么，她们愿意掏钱购买么？好的服装设计到底是艺术性多一点，还是市场化多一点？趁着尚未毕业，趁着还年轻，趁着还能经历失败，小斯决定走出象牙塔，去市场练兵，淘宝是她最好的选择。

名词解释

Lookbook 是这几年互联网造出来的新英文单词，通常被时尚网站或时尚博主采用。它是这样一组照片：展示一个模特的各种造型，或是一个摄影师的一组作品，或是同一种风格的一组时装照片，或一个服饰品牌的一个新系列的画册。

不知所措

设计师在设计一个服装系列或是创立一个品牌之前，都会先确立其服饰文化，以此来界定产品的受众人群。但由于缺少阅历，小斯对此还没有明确的方向。因此，她反其道而行，从买家的穿着喜好中寻找答案。小斯将网店取名为“南瓜谷”，就像童话中载着辛德瑞拉去见王子的南瓜马车，她希望南瓜谷也能给自己带来好运。

南瓜谷的服装都是小斯从北京大红门、动物园、天通苑等服装批发市场收罗而来。学业不忙的时候，她每周末都会去这几个市场淘货。去得多了，也就练成了慧眼，能从琳琅满目的衣服中，挑出风格独特的那几件。但回想起自己第一次的进货过程，小斯最大的感受就是不知所措。手里攥着平时节省下来的1000元启动资金，总也下不了手，不是担心进价贵了卖不出去，就是怕选的衣服买家不喜欢。后来一些热心的店主看她的样子猜到她是第一次做生意，开的是网店，就没要高价，还推荐了几款新货。就这样小斯在纠结中完成了首次的进货任务。现在想来，进货其实并不难，她以前也经常一个人去市场买布，只是价格这块不好把握，因为资金有限，所以要尽量控制成本，保证每件衣服的性价比最高。

年轻就是有勇气去尝试不同经历，在经历了并不完美的开头后，小斯决定把结尾完成得疯狂一把。涂上腮红，穿上高跟鞋，亲自演绎。因为是自己挑选的衣服，所以总能找对感觉，偶尔几张还颇似大牌的范儿。南瓜谷开张的时候恰逢入冬时节，小斯选的几件毛衣和帽子以复古风格为主，属于当时流行的趋势，价格又比较亲民，使得网店的访问量逐渐攀升。

阴差阳错

都说女人是善变的，南瓜谷贩卖的服饰风格也在改变。从最初的复古风潮，到现在的百变混搭，小斯说她并没有刻意的定义自己的风格，而是在偶然中形成。

在淘宝，小斯比较欣赏 CIAO 家的整体风格，“但只是欣赏他们的网页设计和模特，服装设计偏欧美，并不一定适合大众，有些可能买回去穿一次就压箱底了。”她最喜欢的服饰品牌是优衣库，线条简单穿着舒适，价格也适中，而且日系品牌在设计上更适合亚洲人。对此，小斯很有自己的体会，一些设计感比较强的衣服虽然穿出来很漂亮，能衬出人的气质，但要搭配好才行，而且适合穿着的场合也有限制，所以这样的服装最终的结果是束之高阁。

小斯认为有市场的衣服是百搭的，一件单品可以和不同的服饰搭配，比如一件衬衫和裙子搭有假日休闲的效果，和裤装搭配又有优雅职业的气息。所以小斯家的宝贝展示一般会有三种以上不同的搭配效果图。很多顾客会因为喜欢其中一款搭配而连带买了两样商品，这就在无形间产生了连带销售。

经常会有买家询问小斯搭配的技巧和秘诀，有时在赶赴重要约会时都会问下她的穿衣意见。这使小斯萌生了在网店设立 Lookbook 的想法，将每季新品的不同搭配方式公布，方便买家根据示范来挑选服饰。她也鼓励买家们将自己觉得满意的服装搭配上传到“南瓜谷买家秀”，共同分享穿衣经验。这些看似“不务正业”的互动行为，让小斯和买家们走得更近，现在南瓜谷的顾客中很多都是回头客。

将错就错

经过半年的试错，南瓜谷已经积累了一定的客户群。但由于大三的学业较紧，小斯很难保证定期更新，所以也流失了部分顾客，目前还只是三钻店。此外，小斯也很烦恼，明年就要面临毕业后就业的问题。是将错就错继续开网店，还是去企业工作，需要她做出抉择。

有很多店主和小斯一样，因为兴趣或是爱好一举冲进淘宝大军，但这种激情只能支持创业的起步阶段。淘宝上有太多比小斯优秀的女装品牌，对他们来说，小斯的南瓜谷犹如沧海一粟，随时有消亡的可能。如何才能在竞争激烈的女装市场中杀出一条血路？

最初，小斯将消费者定位在与她同一年龄层的大学生，所以在产品定价上偏低，每件商品只赚 10 ~ 15 元的毛利。这样的低价的确能吸引一部分客源，但是大学生消费能力低，带来的低利润也很难维持店铺的发展。此外，薄利要靠多销来增加利润，这就需要小斯加快上新的速度和铺货量，这就存在一定的库存风险。所以，小斯把利润点放在增加原创设计产品上。

2010 年寒假，因为时间充裕，小斯从市场选购了一批布料，自己剪裁做成围巾在店里销售。那是小斯第一次销售自己设计生产的产品，一共做了七八条。有棕色格子的稳重型、红白相间加花边的可爱型、藏青大圆点的活泼型，形式和风格都很多样。因为用料较贵，从选布料到剪裁、缝制都是一个人，制作的过程也比较复杂，所以小斯将售价定在 50 元以上，谁知这批围巾很快就卖完了。这让小斯意识到原创设计产品的高附加值可以提升利润空间，而且相较于市场上大批量的机械加工产品更具个性。此外，看到自己设计的产品受到消费者的认可，小斯也坚定了继续网商之路的信心。

现在的小斯还是会常常抱怨时间不够用，又要忙着上新，又要交设计作业，但每每看到买家们的支持，她又恢复了元气。要让南瓜谷有未来，光靠勇气和热情是不够的，现实的竞争远比想象中残酷，但小斯相信这是一个能实现梦想的舞台，初出茅庐的她需要在试错中成长。

小斯的优劣势对比

优势	劣势
首次上货找准流行趋势	学业忙，后期上新慢，导致客户流失
价格低廉，有竞争优势	低价利润率低
连带销售增加成交量	缺少店铺运营的专业知识
原创设计、Lookbook 吸引人气	原创设计产品量少，尚未形成特色

浙江小子闯新疆

勇气或许是最好的药，激发出耗子的闯劲，虽然不断面临快递、货源、招人的坎，但他更愿意相信未来，继续勾勒自己的梦想。

颜思思

飞往乌鲁木齐的1901次航班无奈地滞留在停机坪上，耗子有些烦闷，原本计划好的行程因为乌鲁木齐的大雾不得不推迟4个多小时。这个地道的台州小子一回浙江过年，就被江南阴冷的天气打倒，他的辛卯春节就在感冒、头疼、挂点滴中度过。新疆的暖气已经彻底把他惯坏了。

他很少回家，每一次回家都要经历一番跨越东西的颠簸。最让他心惊的一次，也是赶上春运，耗子没买到火车座位票，两天两夜一路站到上海。狭小的空间，想动动胳膊，伸伸腿都会碰到周围的人，累了只能倚着门边靠会儿，只是总会被来往的人不小心踢醒。那之后，他不太敢坐火车回家了。其实他本不需要那样艰辛的千里跋涉，耗子是家里的独子，上有两个姐姐，爸妈做着些小生意，虽说不上大富大贵，却也不愁吃穿。但在自己创立的独立B2C网站遭遇滑铁卢后，他嗅到了新疆特产的商机，于是义无反顾地选择了西行。

千里走单骑

勇气或许是最好的药，刺激着一个个失败者从头再来，也激发出耗子的闯劲。从小面朝大海，背依大山的成长环境，让他敢于闯荡和冒险。四年新疆读书的经历让耗子对新疆特产非常了解，这也是他最大的资本。巨大的温差、充足的光照，充沛的热量让新疆成为天然的果园，截至2010年，仅红枣的总产量就达到了24万吨。随着养生文化的传播，红枣、坚果等火速被捧红，成了时下的零食新宠，市场空间很大。有市场，且新疆本地货源不缺，在这两个条件面前耗子毫不犹豫，卷了铺盖，携上剩下的几千元现金，开始了独闯新疆的序幕。

然而一个刚满22岁的男孩远离父母独自在外，有时也会觉得一阵唏嘘。想念那帮哥们，想念妈妈做的海鲜，想念江南春的娇艳秋的萧瑟……不过大多时候耗子并没有太多时间去品尝这些离乡的酸甜苦辣。一个人撑起一家店，美工、技术、进货、客服，这些岗位他都一肩扛下，每天都得忙碌到凌晨2~3点，早上10点又开始了新一天的辛劳。周而复始，除了出门进货，所有时间几乎都困在了电脑前。虽然元宵节将近，耗子心里盘算的却是完成商标注册、重新装修店铺、去市场转转进些货，全然忘了这一天应该吃着热腾腾的元宵围坐在家人身旁。

追忆起网店初开张的那段日子，他别是一番滋味在心头。2010年11月17日，耗子带着自己的全部身家到了乌鲁木齐。那时，很多内地大卖家纷纷东迁到江浙沪，他洒脱西行的背后，如果说没有一点担忧，那是骗人的。生活不是电影，不会吃着火锅，唱着歌，坐着火车一路无忧无虑。挺进大西部时最让耗子担心的莫过于快递成本。对于江浙沪卖家来说，快递是一个优势，中通、圆通等民营快递公司对这些卖家的公开报价首重只有5~6元，续重1~2元/公斤，有时续重甚至是免费的。而偏远地区的首重报价是江浙沪的一倍，而且续重也要5~6元/公斤。

耗子想出的应对之策就是很有气势地跑去给快递公司画个饼。一出场，二话没说，先买下200张面单。真金白银掏出后用他那三寸不烂之舌缔造一个美好的前景：在他每天只有10个订单的时候，就拍着胸脯保证一个月后每天能完成50单交易。当对方沉浸在对未来热血沸腾的憧憬中时，耗子首战成功攻克下圆通和韵达，乌鲁木齐发向全国的快递以首、续均7元一公斤的价格拿下。这一战的胜利让他悬着的心缓缓落下。然而即便如此，快递仍然拉下了耗子店铺近30%的利润。不过快递也有温情的一面，有时快递员看见耗子忙前忙后的，也会帮着一起打包包裹。

对于耗子来说，另一个挑战便是寻找稳定以及价廉质优的货源。乌鲁木齐有5个主要的特产批发市场，分别是东环大市场、北园春市场、月明楼批发市场、火车站市场以及赛马场市场。其中东环大市场最便宜，而且种类也比较齐全。月明楼批发市场汇集了很多浙江商人。后两者则主要是农民拿自家的收成来卖的集市。耗子跑遍了这几个批发市场，了解了大致情况，比对了价格，最后选择了月明楼批发市场的台州老乡。犹记得一个下雪天，他开着自己的小面包车急着进货，这一路像是漂移一般，在结了冰的路面行驶着，着实让人有些惊魂。随着耗子收购量逐次增加，他的进货价格也逐渐降低。

一入淘宝深似海

解决了这两大难题后，耗子全身心投入在提升内功上。2010 年杀进淘宝时这里已经遍布高手，一两个月冲冠的传奇也不绝于耳，皇冠甚至是金冠的新疆特产卖家也早已经抢占了各自的山头，作为一个新来的，在这个日益“恶劣”的环境中生存下来才是当务之急。

面对这些大而强的前辈，耗子暗自把他们统统当做学习的榜样和目标。新疆特产美味店、新疆特产折扣店、丝路飘香、坚果小铺、淘干果，他默默关注着这些同行，偷师前辈在他看来是一个可以飞速发展的捷径。对于市场的把握和判断很大程度上来自于同类目大卖家的销量。他会通过关注大卖家哪款产品卖得好来判断自己销售产品的种类。当然，耗子的学习之路还很漫长，店铺的宝贝详情页目前看来仍然略显稚嫩。以一款和田大枣为例，保质期、是否含糖、储藏方式、有无食品添加剂等这些买家关心的信息在该宝贝详情页中仍然无法获悉。虽然，在宝贝描述中，耗子点出了该款宝贝“皮薄肉厚核小”的特点，不过无图无真相，细节图的缺失也是种遗憾。这种遗憾背后折射的是一人肩扛所有工作的精力不足。

作为新手，耗子心底也免不了有些盼望快速成长的愿景。像憧憬快快长大的孩子一样，他想着在夏天开始销售些新鲜的水果，又盘算着是不是该增加点新疆的手工艺品，内心徘徊在做“干果”还是全方位的新疆特产上。这或许是大多新手都会经历的阶段，有些急进，定位也有些摇摆。不过在店铺初期就铺长产品线的风险可不小，一不留神就有可能前功尽弃。

我有一个梦想

耗子的店铺开业至今，不到3个月的时间，攀至2钻，店铺一点一点的成长让耗子觉得任何辛苦都是值得的。不过一人战斗的日子让他也有些招架不住。生意好的时候，他必须一边打理包裹，一边和问询的客人聊天。进货的时候也只能用旺旺留言告知，每次进货回来他都会发现有十多个买家留言，这样的客户流失多少令人觉得遗憾。而且如今的电子商务，单打独斗的独行侠已经渐渐落寞了，没有靠谱的团队，很多梦想也就只能止步于梦想。招人是耗子现在的首要任务，只是新疆的电子商务发展滞后很多，专业人才比起沿海地区更加缺失。

不过这些坎耗子觉得总会熬过去的。他更愿意相信未来，继续勾勒自己的梦想。耗子说虽然自己的小店刚升至两钻，在旁人眼里仍然很弱小，但像大多数卖家宣扬的一样，他的目标也是打造自己的品牌，他甚至已经请专业团队设计了店铺的新商标和Logo，只等完成最后的注册。店铺上也已经挂出了新的商标“果西西”。当然，打造品牌并非简单的注册商标就能够做到的。现在虽然无法判断这个浙江小子是否最终会有一个清晰的定位和布局，也不知道他能否坚持到打造出自己的品牌，但是谁也无法剥夺这个年轻人的梦想。

第七章　价格战？草根 VS 有钱人

▲起步于行业最底端的她，揭露行业潜规则，想让更多的人穿上好品质的毛衫。

▲在淘宝市场，那么多成本卖家中，你会是其中一员吗？华丽的开场过后是黯然收场还是永不落幕？

▲只卖 Iphone4 手机壳，宝贝数量 48 件，好评率 99.97%，客单价 30 元左右。4 个月就冲冠的新手有何高招？

▲“富二代”赵诚初入电子商务，他的玩法不同于草根卖家，“不进则退”、“快速”都是他所信仰的词条。

▲明星开店的起点往往热闹，这一次，能让过程不那么单调吗？

毛衫，她想做得更专业

起步于行业最底端的她，揭露行业潜规则，想让更多的人穿上好品质的毛衫。

张秉璐

正值年关之际，眼看着在淘宝上开店的卖家们忙得不可开交，1989年出生的年轻妈妈李然也不得清闲。但和其他店铺的热闹不同，她的店铺既没有花哨的店铺装修，也没有噱头十足的促销活动。一个人打理一个店铺，她把大部分时间、精力和资金都放在了她的货上。

她身处于有着“中国羊毛衫名镇”之称的东莞市大朗县，却总是在网上看到有人臭骂“大朗毛衫”劣质，究其原因是有人贩卖劣质廉价毛衫，甚至洋垃圾。

2010 年 8 月，她新开淘宝店铺取名“专业毛衫”，至今 2 钻，她想让更多人了解真实的大朗毛衫，为其“正名”。

她为大朗毛衫鸣不平

与钻进象牙塔求学的同龄人不同，出身湖北的李然大专读了一年就没再读了，早早嫁给了大朗县的丈夫，收获了一个幸福家庭的同时也多了份责任感。

做淘宝前，李然在当地赫赫有名的大朗毛织贸易中心打工。也正是因为自己身处这个毛织业相当发达的小镇，她很难对这行的商机视而不见。在做淘宝前，李然除了亲眼见证行业内幕外，还通过各种途径学习和了解了这行的背景情况。

在以大朗为中心的产业集群内，在广东的常平、惠州、东莞一带有着近万家毛织企业，仅大朗就有3000多家，也算是形成了相当完善的产业配套体系，但在此背后却有个硬伤制约着大朗毛织的发展。

穿梭在大朗的街巷中，李然经常看到一些杂乱的房子前，有人在蹲着剪标或整理衣服，但这些可都是一家家小的毛织厂。李然说，在大朗这样的毛织工厂小作坊形式不少，且都只有十几人乃至几人。甚至，还有不少人会去淘3元、5元的洋垃圾。

她在网上看到不少人都在骂大朗毛衫，她很不甘心。“大朗毛衫出口那么多国家，为什么还会被骂成这样。说到底就是那些贪小便宜的人买到了低价劣质的毛衫。”

她决定要让自己的网店成为大朗毛衫的一个窗口，用自己的行为改变人们对大朗毛衫的错误印象。

她卖毛衫低价、质保

李然的起步资金只有300元。通过打工时结识的一位毛衫店老板娘，李然知道那位老板娘的毛衫，是由正规厂家生产的，从材质到做工都很正规，因此头一遭她就花光了300元，进了十多件款式不同的毛衫进行尝试。

回来后自己试穿试拍，感觉不错后挑了照片挂上网店，在定价时她想了很久。比如一款贝壳扣长款针织衫，在参看其他网店的同类毛衫定价后，她发现店主利润竟定在15元以上，这是她这个新手卖家想都不敢想的。最终她决定走低价品质路线，定价39元，比别人低了10元左右，利润控制在5～15元内。

她不懂经营之道，没人教她怎么招揽生意，最初的她只想着钱少就少进些货，关键是要卖出好毛衣。尽管起初1个月店铺生意冷清得很，但她也不着急，一旦有买家询问便仔细解答。做成一单生意，开始她总是被迫承担了邮费。

第一批毛衫卖完后，李然赚回400多元，加上邮费利润不到100元。但她乐观地说，“没关系，回头客就是这样来的。”

果然，在那之后，39元的贝壳扣长款针织衫热销不断，至今累积销售700多件，创造了店铺“神话”。而在后几个月的销售记录中，李然发现不少回头客身影。开店第二个月，销售额终于达到了2万。

2元微利巧赚第一金

出于对自己起步资金少，熟悉线下渠道，不懂得网店经营等特点的了解，李然靠低价销售新款毛衫低盈利、打品质。她想到拓展线下渠道，回笼资金支撑网店周转。

由于她熟悉大朗毛衫的圈子，因此经常会有些消息灵通人士“通风报信”，哪个老外订了货不要货，哪个厂家又多库存了。

和其他人不同，她只进那种正规厂家生产的，做工好的整箱整箱的

库存货，并在网下销售。李然解释，库存的衣服不适合在网上做销售，卖库存就为了走量，货多货少说不准。“假如一件衣服我就赚几块钱，那也能卖得出，但库存货是不能退换的，出了问题我得差评更不值了。”

从盈利、信誉、操作等多方面几经衡量后，她给自己店铺定下规矩，线上只卖低利润质量好的新款毛衫，线下专做库存批发。

2010 年 8 月，通过在网上寻找，她遇上一个需要大批量打底衫的客户。正好她此时有 3000 件兔毛打底衫的库存货。她立即给对方发去产品信息、图片，对方一眼相中拿走了所有库存。

这一单让她净赚 6000 元，也是李然实现自我突破的一次。尽管每件衣服只赚 2 元钱，但她学会了计算得失与合理规划，也对自己更自信了。

真相背后有真心

虽然李然只有高中学历，但创业淘宝的几个月却让她学习和体悟得很多。

2010 年 12 月 29 日，她在淘宝论坛里发布了一则名为《真实！90 后辣妈带你揭露广东服装行业内幕》的帖子，截至 2011 年 1 月底帖子累计阅读量已达 423383 次。为此，李然接到了无数陌生的来电咨询，旺旺弹出数量也比过去多出 N 倍。

帖子里她阐述了大朗毛织产业的优势，揭露了大朗毛织产业中存在的劣根性问题，为不少买家和卖家指明了方向。在热帖效应的带动下，当天店铺流量达到 5 万人次，当天发单量就有上百件。

“可能是自己说出了一些模糊不清的真相，让买家对我有了认同感吧。”她常给买家建议，“如果您贴身穿的话，最好选这件，它含毛料多，手感会更好。”

腈纶质地的是她绝对不会卖的：“有人说抗静电、耐磨，但我觉得手感不舒服，质地也不好。”

她拒绝个性化毛衫的供货商：“我是走大众风格的，而质量好的毛衫就是要让更多买家拥有。”

从卖好到卖精

2010 年 12 月，她的店铺月销量冲破 10 万，这是她自己从没预想到的事情。

一直以来，李然想的都是，只要质量好就有什么卖什么。但从 2011 年年初起，她有了新的思考："我想做精品，做出档次。"

做出档次是否意味品质提高的同时，价格也会抬升？李然没有否认。尽管起步走的是低价路线，并给她不少帮助，但她明显意识到这给同行带来很大压力。

"有句话叫'不以加价为价，要以市场均衡价去卖'，说的也是这个道理。"在走低价路线的这小半年里，李然多次收到同行卖家来店铺消费后的恶意差评，无奈之余她比别人更多了一份反思和理解。

"是我把毛衫的价格做死了，出价高的卖家都没法做了。是我打破了行内的价格平衡。"李然想快点洗脱这个"罪名"。

2011 年，李然 21 岁，但对于大朗毛衫却能说出一套又一套的学问。她说她要学、要做的还有很多，服装定位需要重新整理思路，客户群要重新定位，还要给店铺好好做个"美容"。这一年，她的心愿有二：一是能把自己的店铺做得更专业；二是能抽空为丈夫、孩子做一顿早餐。

有钱了不起啊？

在淘宝市场，那么多成本卖家中，你会是其中一员吗？华丽的开场过后是黯然收场还是永不落幕？

王晶菁

在电子商务草长莺飞的时代，你总能听到类似“大学生弃学自创淘宝品牌”，“白领辞职专职淘宝”，“新手一年三皇冠”，“金冠网店融资千万美金”等这样或那样的草莽英雄式创业故事。淘宝、电子商务瞬间成为人们寻找机遇、渴望成功的地方。甚至有人笑言，在淘宝只要你年满18岁，不论你曾经从事何种职业，或是何等学历，皆有商可务。

9月1日，定位女装皮草的MOTOUL旗舰店在淘宝商城上市。网店页面设计前卫、模特图片时尚、背景音乐更是动感十足。似乎一切看上去都像那么回事，但点击查看店铺的交易量却不那么尽如人意。“刚开张销量肯定不会很好啦，而且我们卖的是皮草，现在还没到销售季节。”网店负责人方李华对此倒是显得较为淡定，他坦言自己有想法开网店也就2011年6月份的时候，匆匆3个月就将店铺开起来还是可以的。至于销量，那是迟早会有的，现在要做的是先把品牌打出去。

又是一位迅猛的新手，都说“股市有风险，入市需谨慎。”而在淘宝市场，那么多成本卖家中，你会是其中一员吗？华丽的开场过后是黯然收场还是永不落幕？

第一眼：新手印象

♡掌柜成色

掌柜方李华浙江龙泉人士，已过而立之年。不懂电商，不懂淘宝，甚至连自己销售的产品皮草都不甚了解，十足“门外汉”一枚。在踏入电商圈之前，曾在嘉兴经营着一家广告公司，在当地也算小有名气。问其既然事业已有所小成，又对电商一无所知，为何一头栽入？答曰：有未来。

♡“专家”团队

一个好汉三个帮，掌柜既然不那么专业，那么找来的团队就要懂行。好在嘉兴有一定的电商氛围，招人和了解行业内幕并不难。现在MOTOUL网店的运营总监曾就职于淘宝知名品牌网店，渠道总监则走南闯北在电商圈内混迹多年，还有业内资深专业买手。骨干成员在7月份到位，随后陆续招来有相关经验的店长、网页设计、客服等。现在整个团队已有20多人。

♡差异化定位

相较于竞争激烈的女装市场，皮草的定位较为细分化，且嘉兴离全国最大的皮草货源基地海宁近，较为便利，有货源优势。针对当下热衷网购的年轻时尚人群，MOTOUL的产品风格有别于以往皮草奢华、富贵的形象，而是更为时尚和前卫，并为自己打上了“IT GIRL”、“摩登”的标签，以此区别于传统皮草品牌的竞争定位。

第二眼：新手动作

♡买手+订单制

产品投入 200 万元

皮草的定位本身就较为高端，其价位不是一般消费者所能承受的，所以 MOTOUL 的产品定价为高性价比，比同类品牌略低。据介绍，MOTOUL 的产品都是由买手从广州、深圳、香港、上海等地选款设计再造后，交由加工厂生产。为筹备上线，先挑选了 100 个样款，然后再筛选出 40 款为首批销售款，根据市场的接受能力，后期再上新 30 款。

♡形象包装

拍摄费用 20 万元

很多人第一眼看 MOTOUL 的店铺都会被其模特图片所震住，这是店铺花重金请杭州专业摄影师和模特拍的，拍摄费用加上样衣和配饰购买共计花费 20 万元。为配合模特大片的展示效果，就连店铺的背景音乐也是公司专门请人设计的，这样的大手笔不是每位新手卖家都能做到的。

♡营销推广

广告及运营费用 100 万元

在品牌上线预热期间，MOTOUL 采用了当下最为活跃的微博营销。前期以赠送 LOMO 相机、相册来吸引粉丝，随后又开展时尚换物、街拍等活动与粉丝互动。在线下，MOTOUL 赞助了浙江钱江电视台主持人的秋冬服装拍摄，并计划与地下乐队开展合作。在微博营销上粉丝参与度较高，前期影响力有所显现，但最终这些参与度能否转移到网店销售上，有待考量。

第三眼：卖家自诊

店铺是华丽丽地开了，粉丝也渐渐多了，但后期能否 HOLD 住？方李华坦言在这 3 个月期间，的确也遇到过一些问题，比如团队的管理、生产的把控等。

♡转变观念

方李华表示，团队中有的以前做过中小卖家，他们的思路是今天拍照明天卖，但在实际操作中完全不可能这么干。前期挑款选款就要一个月，还要做好搭配，每个服装一个造型，基本每款衣服都不一样。以前一天你能拍20多套，现在只能拍一两套。虽然他很佩服一些大卖家能做到每周更新的频率，但是为求稳健，自己的步子还是不能迈得太快。至于产品的上新频率，也还在摸索中，前期先根据买家的点击率来和公司下单，以控制库存。

♡单品能否制胜

皮草销售有明显的季节性，明年夏季店铺该销售什么也是一个策略问题。现在MOTOUL的想法是会销售其他服装类产品。当初品牌注册时注册的是服装25类商品，所以产品的销售并无制约，只是在秋冬到第二年夏季期间慢慢将产品由皮草向全服装转变，以此完成自然过渡。"夏天不可能不销售，所以到时候还是会加一些服装产品进来。"方李华说。

♡布局多渠道

MOTOUL并不只将渠道局限于淘宝商城，马上当当网、京东商城、一号店、米兰网等国内一线B2C网站都将铺开。方李华说他不会将品牌和电商品牌相比较，而是和传统产业的皮草品牌或者服装品牌作对比，"我的偶像是传统女装品牌雅莹，同样是嘉兴土生土长的他们做得很成功。"他已做好了前期投入和长期奋战的准备，亏本三年再考虑收回成本。

专家点评

华丽的开场，仅仅是一场盛宴的其中一个亮点，而不应该是它的核心。如何将其中的关键剧情诠释得更精彩，才是确保演出永不落幕，避免黯然收场的要素。而在即将碰到的“关键剧情”中，卖家也许能用到下列的建议：

1. **更为明确的店铺定位。**女装店铺定位大致来说可以分为以下四种：按产品线（如橡菲只做皮衣），按风格（如木棉天堂的“文艺青年”风，七格格的“潮”），按用户群体分（如大码服、中老年服装），按商业模式分（单品爆款、低价走量）。这四种定位允许相互跨界，但不能含糊，否则“定位”一词就会成为掌柜自娱自乐的话题，买家难以体会。因此，既然 MOTOUL 旗舰店冬季决心做潮（风格）的皮衣皮草（产品），定价中高价（商业模式），就必须清楚这群买家是怎样的一群人（年龄、收入、喜好、购买习惯等），未来拓充全系列产品时，如何依旧与这个人群相匹配？

2. **核心竞争力上有对手难以撼动的资源。**店铺要想快速成长，必须有异于常人的核心竞争力，如选款（主攻搭配的卖家）、供应链（专做爆款的卖家）、视觉等。MOTOUL 旗舰店要明确自己的核心竞争力。虽然没有亲自接触，但感觉其核心竞争力应该是视觉方面。这样的话就要把这点进行放大，在模特拍摄，页面排版，视觉冲击等方面做到极致。

3. **营销要有重点。**简单来说，营销渠道可以分为淘内和淘外。而对一个希望在网上发迹的新兴品牌来说，步骤应该是先淘内营销，再淘外营销。因为如果你从淘外引来了客户群，但店铺页面中并没体现有说服力的成交记录及买家回评，转化率将势必受到影响，事倍功半。只有先通过淘内营销，把销量做起来，再运用资源做淘外推广作为补充，才有可能实现品牌宣传和销量共同提升的目的。

4. **华丽不等于盲目，资源不允许浪费。**卖家对运营的要求非常高，必须时刻清楚要把有限的资源（资金、人力、精力），投入到最核心的事情上。对网商来说，要做的知识点非常多，新手卖家更不可能面面俱到。我们要把每一笔钱当做非可再生资源来用，把每一个流量当做钱来用，从一开始就建立完善的公司运营机制、财务机制、客户关系管理体系等，有目的地投放资源，有意识地回收成果。

5. **做细分类目，就要沉得住气。**淘宝上有很多做细分市场成功的案例，如女装的“橡菲”，男装的“花笙记”。他们都有一个共同点，就是沉得住气，坚信在清晰传递店铺定位和理念后，沉淀最终会带来的威力。如“橡菲”会在夏季重点修炼团队内功，同时开发出皮连衣裙等应季产品。这与其说是考验掌柜的耐心，倒不如说是在考验老板到底是否真正信从自己勾勒出来的品牌理念，还是说所谓的品牌理念只是一个为了包装卖货的概念而已。

小本生意经

只卖 Iphone4 手机壳，宝贝数量 48 件，好评率 99.97%，客单价 30 元左右。4 个月就冲冠的新手有何高招？

王晶菁

掌柜宣言

我的商品单一，只卖 Iphone4 手机壳。

我的宝贝不多，只有 48 件。

我的东西不贵，最便宜的 4.2 元，最贵的只有 29 元（包邮哦，亲）。

我的好评率很高，有 99.97% 哦。

我不开车，不投广告，只靠自然搜索流量。

我是新手，开店 4 个月，已有 5 钻。

今年冬天我要冲冠！

前段时间网上有个段子，上海地铁轻度追尾两车相撞时瞬间掉出 N 部 Iphone4 手机，一时之间分不清楚谁是谁的。笑话只是笑话，但一时不免让人惊讶 Iphone4 手机的普及度之高。而随着 Iphone 手机全球畅销，手机配件 Iphone4 保护壳产品也越来越火热。这不就有人爆料，淘宝一家 7

月 19 日开张只卖 Iphone4 手机壳的店铺已有 5 钻的信誉。目前，店铺为了冲皇冠更是打出了 29 元包邮的活动旗号。

商品单一，只卖 Iphone4 手机壳，宝贝数量 48 件，好评率 99.97%，客单价 30 元左右。如此 4 个月就冲冠的新手有何高招呢？

搞定货源精准定位

店主莫晓龙是位 25 岁的小伙子，开店之前做了两个月的准备，包括商品定位、找货源、进货、店铺装修等，前前后后都是自己一个人在忙活。到现在，别看店铺售前售后一共挂了 6 个客服旺旺，其实也只是晓龙一个人在接待。

新店开张有个不成文的规矩就是先积累信誉。手机壳的客单价不高，定价稍微比同行低一点就有竞争力，所以，找到好的货源是关键。据介绍，晓龙的产品大部分是厂家直接供货，目前合作的有两家，其中一家是在阿里巴巴上找的，为保证产品质量，还去了位于义乌的公司调查，后来合作时间长了，知道手机壳的生产厂家都集中在广东地区，于是自己又在当地联系了一家供货商。

晓龙曾对店铺的客户群做过调查，发现大部分买家以女性为主，年龄在 20~30 岁之间。她们喜欢的风格也比较鲜明，要么是比较个性要酷的，如前不久万圣节店铺推出了一款女鬼系列的手机壳卖了近200 件；要么就是喜欢可爱日韩系的，好比粉色的 Hello Kitty 等。因此，晓龙偶尔也会推出一些定制的产品，收集一些当下比较热门的卡通图案或是结合不同节日气氛的图案。“那个女鬼系列最早是在日本流行起来的，现在市场上已经很少了，所以我做出来卖得比较好。”

定制虽然是一大卖点，但对商品的数量有所要求，一般 300 个起订。但对于小店来说一款手机壳订那么大的量就怕有库存风险。所以晓龙一般只有在对某款热线产品很有把握时才会定制，其余都是挑选供货商提供的图片，这样可以每款备货几十个。而为了保证店铺的图片质量，所有商品都是晓龙在收到货物后自己实拍。当然这些都是在前期合作时的价格，晓龙说，合作时间长了价格也差不了多少，专门定制和选货单价会差 1 元钱左右。现在晓龙保持着每周上新 10 款宝贝的速度，每款首次订货 50 ~ 100 件，如此，就不会有太大的库存压力。

薄利多销积累信誉

本着薄利多销的原则，晓龙店铺的商品定价都比较低，最便宜不包邮的只有4.2元，最贵29元，一些新品在推广期19元就包邮了。这么低的价格，其中的利润能有多少呢？晓龙说："如果客单价算30的话，平均利润只有5元，这还没除去剩下有些不能销售的次品的库存堆积。"可能19元包邮在外人看来已经是毫无利润空间的价格，但晓龙表示，因为有价格的优势，所以亏不了。

晓龙给我们算了笔账，和店铺合作的快递公司是圆通和申通，给的价格分别是江浙沪5元，外地10元和江浙沪8元，外地12元，"也有其他公司给过4.5元的价格，但我没答应，因为一般客人都指定是圆通或申通。"晓龙认为选择有保障的快递公司，对提升客户消费体验还是有很大帮助，不能因为自己只是销售手机壳，并不是很贵重的产品而选择一些价格低但服务质量不好的快递合作。"所以你看我的动态评分都是挺高的吧，因为我注重产品和服务质量。"晓龙骄傲地说，"再便宜的商品也不能发次货啊。"

店铺平时做的推广不是很多，基本都是靠自然搜索流量而来，而包邮的活动也给店铺增加了不少流量。现在店铺的平均转化率是6%，晓龙分析是因为靠自然搜索过来的客户购物目的比较明确，不像直通车推广有一定的随机因素。前段时间，店铺也曾做过直通车，"但感觉做直通车像是砸钱，我现在没有高利润的产品，还是一步一步慢慢走比较稳当"。晓龙也深感由于自身利润低，而没有过多的资金去推广，所以只能靠以信誉和口碑效应来带动销量。

5 钻对于很多卖家来说是一个坎，过了这个阶段，冲上皇冠后就会有所改观。晓龙现在将店铺的运营重心都放在了冲冠上，他期待过完这个冬天，明年店铺升冠后可以选购一些高性价比的东西来提高利润。

纠结的差评和流量

白手起家的草根卖家们，在店铺的起步阶段总会遇到相似的问题。晓龙坦言，有些顾客真的很难搞定，动不动就给中差评。他也曾试过打电话给对方，试着调解，无法说通的也只能那样。“当然我也明白这是很多卖家都会遇上的无法避免的事情，但就是我们店小还挺不起腰来，我销售价格那么低的商品不就是为了多几个信誉么？”此外，还有一个中小卖家都会有的困扰就是流量上不去。“前半个月我一直在 700 以上，但最近只在 500 左右徘徊了。”晓龙说，店铺因为没有做直通车了，所以只能靠搜索，而这对商品关键词的设置有很大的要求。于是，晓龙就每天查看同行的关键词设置，看当下的一些搜索热门关键词是什么，然后对自己的商品进行调整。

虽说只是做点小生意，但晓龙还是将店铺的经营当成一份事业在奋斗。他说现在淘宝上面的生意不比当年那么好做，但是只要了解自己拥有哪些优势，并且充分发挥还是能做好。他还是想对那些和他一样在奋斗的新手卖家说：“前期不要想着赚钱，赚信誉才是最重要的。”可能这种想法多少有点消极和无奈，但对于刚起步的中小卖家而言稳扎稳打才是长久之道。

记者手记

像莫晓龙这样刚出校门工作不好找，就来网上创业的卖家在淘宝一抓一大把，但能成功的并不多。且不说成功，有的连健康生长都有困难。和大卖家抢流量，攒信誉，招揽回头客，生意大了要不要开商城店？新手卖家的成长之路上有太多的刀光剑影，他们不比那些有后台转战线上的生意人，也不比那些早几年杀入重围的开拓者，他们是随时都可能凋零的草根卖家。但面对这些，还是会冒出一两棵顽强生长的“野草”。其实晓龙的店铺装修很简单，模板是200块钱买来的，图片是自己拍摄的，没有过多讲究拍摄技巧，只要图片清晰就好，直通车停了，也没有过多的宣传，靠的都是自然搜索的流量。

如果非要选出一条他能“活下来”的关键，那就是在产品定位上避开了热门的服饰类目，而是选择了看似小，但颇具市场潜力的手机壳市场。会更换手机壳的都是一批喜欢新鲜事物的年轻人，赚的是快钱，最贵不过20几元的手机壳也很容易促成下单。此外，小成本的生意不易积压库存，卖家不用承受太大的压力。而剩下的就是如何将店铺口碑做出来，招揽更多顾客了。当然一直走低端路线并不长久，所以晓龙考虑后期向高端发展也是较为正确的一个思路。说了那么多，还是那句话：“市场一直有，就看怎么做。”

“制服”富二代侵略性扩张

“富二代”赵诚初入电子商务，他的玩法不同于草根卖家，“不进则退”、“快速”都是他所信仰的词条。

余创

赵诚，28 岁，海外留学 8 年，干过房产经纪、销售等工作。2010 年 4 月，还有两个月的时间就能拿到加拿大的绿卡，他却选择了回国。

他从小在自家的制服工厂玩耍，没有继承衣钵的念头，也不准备外出找工作，唯有自己创业的想法。他开始接触电子商务，接触男装行业，而他开的第一家店就是商城店。2012 年 2 月，他则用 5 个月不到的时间将 C 店冲到 5 钻，B、C 两店的月销售额达到 200 万元。这个制服富二代不甘心在电子商务中做一个小喽啰，他希望自己能成为电商大佬。

名词解释

制服是指一群相同团体的人所穿着的服装，用以辨识从事各个职业或不同团体的成员，像学生、军队、医师、护士和警察等职业的人经常穿着制服。

说服董事会投资

在加拿大的8年时间里，赵诚学过市场营销、企业管理等专业，在外面也摸爬滚打过，手里也攒着50万元的资金。2010年4月，赵诚回国，他没有到家里的公司上班，而是一心找项目创业。

“原本我打算去香港做一个公司的总裁助理，但觉得上班这种朝九晚五的生活并非自己想要的。”赵诚说，“国内的工作更不用说了，父亲也让我回去打理他的公司，可我天性喜欢闯荡，不太愿意吃老本。”

其实2011年赵诚回国后，有很多这样那样的机会，但都不是他想要的，就没干。在一次与朋友喝茶的期间聊起电子商务，他的眼睛放光，感觉那才是自己所想要的生活。二话不说，洋洋洒洒就写了创业计划书，并将计划书交给父亲看。

得到父亲的许可之后，赵诚还得向董事会说明。在说明会议上，他向董事会阐述了电子商务的发展和他即将要做的男装。诱人的数字，听起来是那样的美好，但在外人看来董事会最后的决议通过，绝大多数是看在赵诚老爸的面子上。赵诚顺理成章的拿到了董事会注资的50万元，而他的公司也成了全国第二大制服企业世城集团的子公司。

去安都“偷师”

怀揣着100万元，有了世城集团提供的办公场所，赵诚接下来开始主动去熟悉电子商务各方的业务知识。

经朋友的介绍，赵诚去安都参观学习一周，从客服到美工，从行政到运营，每一个岗位，他都向安都的员工学习。一周的时间很短暂，但让他对整个电子商务行业有了质的认识。

这不是一个人所能完成的事业，需要的是一个团队，强大的团队，所以要招人。

这不是一个卖货的战场，需要的不是一个商铺，而是一个品牌，那就要注册公司和商标。

这不是一般人所能玩的，需要大量的资金，他有。

“我在安都那一周，学到了很多，它的流程管理很出色，从生产、质检，到仓储，再到销售前线，一幢楼，由上至下，很完善。”

挖角设计师

从 2011 年 7 月写了计划书，到 9 月商城店开张，再到 2012 年的 2 月份集市店的开张，很快淘宝江湖上就出现了 VALS 男装店。原创设计、供应链都是赵诚思考的问题，只是他有资金去挖角抢人。

“刚开始，我们有一个韩国留学的设计师，承担了店里 50% 原创产品的设计工作，后来离职了。”赵诚有点遗憾，“那个设计师将 VALS 男装定位于潮流，也许当时他觉得我们发展不下去，毕竟一天的销量也才一二千元，又有繁重的工作。”

就在那个韩国设计师离职没多久，赵诚在设计师协会的介绍下，认识了爱登堡设计团队的负责人，两人相谈甚欢。也许是赵诚用金钱的诱惑将他们设计团队 6 人拿下。或许对于一个设计师来说一年几十万的年薪不算多，但也不少。赵诚对人才从不吝惜金钱，或许这就是很多草根卖家所不能比拟的先天条件吧。

只找最好的代加工

很多人以为赵诚的先天条件好，在于他父亲有自己的服装工厂，可以帮忙生产。可谁又知道制服与男装的生产线是截然不同的？赵诚必须得自己去找代加工，只有设计，没有生产的成品，一切都是空谈。

那时，赵诚天南地北地到处跑，广州、东莞、武汉、中山、佛山，就连北京也被他找到了一个代加工厂。也许找代加工厂好找，可是找最好的代加工得找准各地的优势产业。

跑了那么城市的赵诚，他心中已经有了一张代加工厂的版图，北京，能将棉衣做成像羽绒服；江浙一带，做羽绒服比较厉害，工艺较好；中山，T 恤衫的天下；泉州，夹克制作工艺优势明显。

现在，赵诚的代加工厂遍布全国，他将各地的优势进行对比，每个地方的工价不一样，制造成本也不一样，进行全面的比较后，选出他认为最好的代加工。

“除了这方面，我之所以没有选择一两家代加工厂，还有一个重要的原因就是在店铺大促或者活动期间，我需要 1 万件衣服，半个月制作完成，对于一个到两个代加工厂来说压力有点大，对于我自己来说风险有点大，我只是将这样的风险系数降到最低。”赵诚有他严谨的一面。有人会说，他有选择代加工工厂的余地，他有世城集团作为靠山，谁不合作，谁缺心眼。

信息快速

有人说："现在这个年代，信息就是财富，第一时间得到第一手信息，那对于你在行业中的发展来说，可能很有帮助。"

从 2011 年创业到现在，赵诚飞了无数个城市，参加了很多关于男装行业和电子商务的动态会议。在第一时间了解行业的最新动态，这样企业才不会被时代所淘汰。

在国外待了 8 年的赵诚，对国内男装行业并不熟悉，也没有自己的人脉关系，参加这些会议，只是让他尽快了解行业信息，还有重要的一点就是积累了行业人脉关系，认识更多行业的精英，或者生意人。

参会那么多次，他差不多摸透了国内男性消费者的喜好，也了解国内男装行业最新的消息。他一开始先做商城店，因为男性消费者喜欢品牌。他有着供应链的优势，资金的优势，他没有必要去做一个卖货的，他的起点高于草根，而 C 店的开张只是他侵略市场份额的另一"渠道"。

参会那么多次之后，赵诚也明白，一个成功的品牌是多元化的，现在 VALS 做的是主流市场，潮流服饰，那未来呢，消费者已经成长，他们是否需要细分市场留住更多的买家。在他心中已经有规划的蓝图，明年发展几个子品牌，就做细分市场。

很多时候，赵诚谦虚，但很自信。赵诚，一名"急功近利"的电商，对于做什么事情，说一不二，发展势头迅猛，如今月销售额能到 200 万元，而他也希望在店庆的那个月，销售额能突破 500 万元。他 2012 年的目标很简单，销售额达到 3000 ~ 4000 万元，同时他希望能吸引一批风投，让更多的资金进入，让自己的公司管理多元化，毕竟现在是他的“独裁”时代，他需要其他人来要求他，管理他。这样一个新晋电商，能否在电子商务行业中崭露头角，我们拭目以待。

记者手记

在采访赵诚的过程中，他说话急促，能感受得到他是一个雷厉风行的生意人。他不想直接继承家里的衣钵，想自己创事业，而他啥都要讲究快速，这对于一个创业者来说，是否正确？而那些正在慢火温炖的电商，是否害怕这样的对手？

2012年下半年，赵诚将他团队扩张到100人，这样的扩张速度，让人联想到了再创业的李泽楷。李泽楷用不到两年的时间将Star TV转售，从4亿美元到9.5亿美元，赚取了第一桶金。富二代创业有着先天的优势，熟悉商场的各种游戏规则，有着资金，但他们也有劣势，没有经历过草根创业的辛苦和不易。富二代不当啃老族，再创业的现象比比皆是，他们不缺资金、团队，但浮躁是他们的共性。电商中的富二代们如何有一个华丽的转身？

谐星开店的底牌

明星开店的起点往往热闹，这一次，能让过程不那么单调吗？

吴慧敏

新手名片

简介：朱梓骁，男，内地新生代演员。通过出演芒果台《一起来看流星雨》被人知晓，经常以诙谐形象在芒果台娱乐节目上露面，被网友戏称为“最帅谐星”。

店铺：小朱的时尚基地

现在叫做“小朱的时尚基地”的这家网店，在 2011 年 6 月 12 日重新开张之前已经注册三年多了。为什么一直没怎么打理，小朱给出的答案颇有东北人的痛快：注册网店主要是赶时髦，并没有去花精力经营产品。当时大家并不知道我是谁，我也没有成为最帅的谐星，仅仅是淘宝卖家群里一个简简单单的“亲”。

显然，在新浪微博有 240 多万粉丝的小朱已然今非昔比，他随便发一张图片或转一个笑话就能引来数千人评论转发。作为芒果台受捧的年轻谐星，也是号称有数亿观众的快乐大本营的常客，小朱有一个叫做“马戏团”的粉丝群作为后援。网店开张的消息经过他微博轮番预告，再附上独家制作的花絮宣传片，小朱网店的起步成绩很是扎眼。

开店的前世今生

虽然小朱曾经自爆，试镜“流星雨”时因为外衣里面套着秋裤很狼狈，但在北京打拼的岁月里，小朱的梦想之一可是做一名徜徉在各大时尚周的服饰买手。“游走在米兰的街头为中国的时尚尽力”的念头最终淹没在密密麻麻的通告中。而小朱跟淘宝的缘分，断断续续之后终于开始开花结果。

两年多前，小朱晋身为淘宝资深买家，经常望眼欲穿地等包裹，重整荒废的网店的计划也开始提上日程。女粉丝众多的小朱，选择韩版代购服饰作为店铺主打商品，比起“韩版女装更符合当代女孩儿对审美的需求”这样略显敷衍的理由，“为每一位爱美女生打造公主梦”更符合他一贯在荧幕上呈现的滑腻。

不同于别的明星开店创立自己品牌的野心，小朱的网店定位比较保守。店铺里面虽然设有“小朱推荐”专区，但这个版块目前的意义还流于形式，并没有把小朱的个人审美在宝贝详情页里具体地体现。“我更愿意把网店看做一个交流的平台，明星在电脑那头也不过是一个普通的掌柜，可以和支持我的观众朋友互动。”

虽然表面满不在乎地调侃，但小朱对网店还是花了不少精力，也张罗了很多有经验的朋友来帮他选款、把控服装品质。目前，网店有专业的店长、财会和出纳，客服和发货人员也配备齐全，时装买手也没有落下。对于一个小店来说略显华丽的页面装修，可以清晰地看到专业设计人员把控的痕迹。“按分工我只能算是后勤和宣传，我主要提供想法，我的团队把它变成一种风格。”

2011 年 6 月 12 日下午 15：00，网店正式发布，小朱担当了网店的一日客服，还表现得颇为紧张。当天晚上他在微博上很欢乐地问：第一次在旺旺上当客服，我和谁聊天了？

杀手锏：签名照赠品+微博互动

开张当天，店铺页面浏览量（PV）突破 50 万，随后一周时间店铺的日均浏览量保持在 2 万左右，很有大店的风范。之所以能开门大吉，可以说小朱在预热阶段下了工夫。

招数一：店铺宣传片。就算淘宝上的知名店铺，也未必会自制店铺宣传片。而作为明星，就是恰巧有这个便利条件。团队帮忙制作宣传片轻而易举，而且宣传视频像 MV 一样，粉丝间的传播力惊人。

招数二：自己和圈内朋友当模特。由于主营女装，小朱号召了几位圈内美女朋友来做店铺的模特。而他自己，不仅是店铺首席形象代言人，更自动请缨做饰品的模特，养眼指数较高。

招数三：签名照+明信片。店铺上线后立即挂出公告“全场商品全部 5 折，前 2000 位消费者购买任意产品随商品附赠亲笔签名照一张”。7 月份又陆续有“满 298 元赠送明信片”的活动，对小朱狂热的粉丝人群来说，签名照明信片神马的比产品重要多了。

招数四：利用“微博+微群”即时互动。5月份，小朱开始在微博发布一些他为网店拍摄的宣传照，网店开张前10天开始倒计时。同时，小朱团队还创建了网店同名的新浪微群，近似于买家QQ群的性质，可以即时跟买家沟通产品信息。该微群目前有4000多个成员。店铺调整、发布新品等信息，小朱都会第一时间在微群发布，粉丝们也很给力，会在微群讨论网店整改意见，晒单的美女粉丝也不在少数。

明星开店本身具有较高的受关注度，敏锐的普通卖家也很乐意在论坛发一些“爆！明星朱梓骁淘宝开店4年只有32个评价”的标题党帖子赚个论坛首页推荐。随后引发了淘宝论坛小二的注意，6月23日小朱做客淘宝论坛的直播贴收获了惊人的27万多点击量。这对于一个网店新手来说，曝光量之多实在奢侈了些。

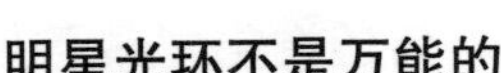

明星光环不是万能的

顶着明星的光环，小朱可以说“我们不担心销量”。截至7月19日，店铺积累了492个信用，距离升2钻已经近在咫尺。店铺日均流量降至1万以下，维持在5千以上。但比起表面看上去不错的成绩，开店才一月有余就收获了6个中评、2个差评的现状并不足以自满。

从店里消费过的买家反馈可以看到：衣服品质不一、包装简陋、客服专业度、上新频率不确定等问题比较受诟病。“希望小朱能做得更好，还是给你全好评。”很多买家以这样的方式表示了对偶像小朱的支持，但对于网店掌柜小朱而言，更应该在乎的是买家们的抱怨。

店铺里的宝贝定价，100 元以内的平价产品占比很少，连衣裙价格均在 400 元左右甚至更高。而依靠小朱人气吸引过来的第一批客户大多是学生粉丝群体，他们的购买力很有限，对于性价比很在乎，这种价位的购买门槛对他们而言太高了。有些粉丝单纯冲着签名照而来，这些并不算是健康而持久的店铺受众。

另外做韩国代购，发货时间不能得以保证也是个问题。虽然小朱对“很多愿意等上半个月还没有怨言的买家”表示很感谢，并在店铺开辟了“现货区”，现货区货品可以尽快发货。但发货速度一直是网购体验的重要指标之一，不能妥善解决这点也会是买家心中的疙瘩。

6 月 18 日，小朱把一张随手用钢笔设计的宫廷复古秋装手稿拍照传上微博，信誓旦旦表示“将来一定要设计自己的时装”。问起他这件事，他表示如果经营男装的话还挺想自己设计的，但现在还没列入日程。对于对粉丝的回馈，除了亲自设计明信片以外，以后还有望“请各位亲去旅游”，这个想法听起来还挺 High 的。

眼下，店铺“互动空间”和“小朱日记”两个横栏版块还没有应用起来。如何留住起步期借助明星人气积累的首批客户，如何进一步修正店铺在韩版服饰中的细分定位，如何从明星人气店过渡到真正有独特生命力的网店，小朱和他的“时尚基地”还有很多细节需要完善。

图书在版编目（CIP）数据

淘宝网店运营. 1，神店成长秘籍／《卖家》编. —北京：东方出版社，2013. 5
ISBN 978 -7 -5060 -6284 -8

Ⅰ. ①淘…　Ⅱ. ①卖…　Ⅲ. ①电子商务-商业经营-中国　Ⅳ. ①F724. 6

中国版本图书馆 CIP 数据核字（2013）第 091032 号

淘宝网店运营 01：神店成长秘籍
（TAOBAO WANGDIAN YUNYING 01：SHENDIAN CHENGZHANG MIJI）

编　　者：《卖家》
责任编辑：崔雁行　王思扬
出　　版：东方出版社
发　　行：人民东方出版传媒有限公司
地　　址：北京市东城区朝阳门内大街 166 号
邮政编码：100706
印　　刷：北京京都六环印刷厂
版　　次：2013 年 5 月第 1 版
印　　次：2013 年 5 月第 1 次印刷
印　　数：1—20 000 册
开　　本：787 毫米×1092 毫米　1/16
印　　张：15
字　　数：120 千字
书　　号：ISBN 978 -7 -5060 -6284 -8
定　　价：36. 00 元
发行电话：（010）65210056　65210060　65210062　65210063